KB069694

아동을 위한 세계시민교육

지구촌 세계시민으로 함께 커가요

Margaret Collins 저 | 박명순 · 김현경 공역

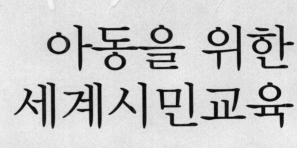

학지사

마거릿 콜린스의 저서 *Global Citizenship for Young Children*을 처음 접하고서 대단히 반갑고 기뻤다. 우리나라 아동에게 바로 이런 내용의 교육이 필요함을 절실하게 느끼고 있던 차였기 때문이다. 책의 제목은 '세계시민교육'이지만 4장의 다양한 문화 탐구와 6장의 세계적 쟁점을 제외하면, 1장 기본적 욕구, 2장 환경적 쟁점, 3장 공정성, 5장 민주주의 등 아동기 어린이가 성인이 되기 전에 반드시 익혀 두어야 할 내용을 담고 있다.

초등학교 또는 심지어 어린이집이나 유치원에 다니는 아동까지 어느새 인종적 편견이 담긴 태도를 보이거나, 친구를 따돌리고 서로 싸우며, 물건을 낭비하고 환경을 파괴하는 행동을 보인다. 그런데 어려서부터 이와 같은 측면에 대해 생각하고 남의 입장이 되어 보는 교육을 받는 것은 아동의 사회적·도덕적 책임감을 높여 주고, 자신이 살고 있는 곳의 이웃과 사회에 대한 관심을 갖게 하기 때문에 아직 어리다 할지라도 그들 나름대로 이해할 수 있는 수준에서 민주주의를 습득하게 할 것이다.

어릴 때부터 우리의 책임과 권리가 무엇인지, 우리가 살고 있는 사회는 어떻게 움직이며 자기가 살고 있는 사회에서 어떻게 적극적으로 역할을 해야 하는지에 대해 배울 기회를 갖는 것은 그 어떤 교육보다 중요하고 우선되어야 할 내용이다. 아동 나름대로의 수준에서 어설프게나마 이런 내용을 접하는 것은 그들이 장차 성숙하고 행복한 성인시민이 되기 위해 매우 중요한 부분이다. 공정, 배려, 예의, 절약, 나와 다른 것에 대한 이해 등의 태도는 더 나이가 들면 지식으로만 습득될 뿐이고 '내 것으로' 내면화되는 태도 형성이 힘들어지기 때문이다.

가정의 부모자녀 관계나 형제자매 관계 속에 형성되는 사회적 · 도덕적 분위기는 말할 나위도 없지만 유치원이나 어린이집, 학교에서의 교사와 아동 그리고 아동과 아동 간의 사회적 · 정서적 유대 경험과 그로부터 형성되는 교실 분위기 역시 아동의 사회성 발달에 기초가 되는 매우 중요한 요인이다. 아동은 교사 및 다른 아동과 다양한 관계를 경험하면서 자신과 타인의 의도와 주장에 대해 어떻게 협상하고 수용할 수 있는지 경험하게 될 것이고 이는 대인관계 역량 발달에 매우 중요한 영향을 끼칠 것이 자명하기 때문이다. 어린 아동이라 할지라도 서로 아무런 연결된 의미가 없던 단절된 세계를 그들 스스로 연결해 나갈 수 있기 때문에 아동 스스로 '의미 있는 삶'을 엮어 낼 수 있도록 이끌어 주는 교사야말로 진정으로 훌륭한 교사라 하겠다.

이 책은 더 나아가서 세계화 시대에 걸맞은 세계시민의 역량을 지닌 아동을 길러 낼 수 있는 내용도 다루고 있다. 이 책을 통해 교사는 사회교육의 본래 목적에 따라 교실에서 아동에게 어떻게 실천적으로 '타인에 대한 배려와 존중'을 가르칠 수 있을지에 대한 해답을 얻는 동시에 개별 문화의 장벽을 넘어 세계와 소통하는 세계시민의 역량을 길러 주는 데에도 큰 도움을 받을 것이라고 확신한다.

문화 탐구 및 아동 대상 놀이 등 문화권에 따라 다른 내용이 있어 경우에 따라서는 우리 실정에 맞게 바꾸어 번역한 부분도 있다. 하지만 대체로 원문에 충실하게 번역하고자 애썼다는 점을 밝히며 혹시라도 남아 있는 오역은 전적으로 역자의 책임임을 밝힌다.

끝으로 이 책이 나오기까지 책의 구성과 편집, 출판에 지원을 아끼지 않으신 학지사 김진환 대표와 김경민 차장 및 편집부 직원 여러분께 깊은 감사를 드린다.

2012년 9월
역자 일동

저자 서문

이 책은 Frances Hillier가 없었다면 세상의 빛을 보지 못했을 것이다. 그녀가 보여 준 노력과 열정, 특히 아프리카 상황에 대한 정보 덕분에 이 책의 푸멜라 이야기와 부록의 사례 연구가 소개될 수 있었다. Milford on Sea C of E School의 교장인 Martin Pitman과 교감인 Christian Malone은 세계시민교육에 대한 인터뷰에 자발적으로 기꺼이 응해 주었고 방문기간 동안 큰 도움을 주었다. 그리고 Rowledge C of E School의 교장인 Claire Painter와 Hants의 도움으로 학교에서 실제로 활용하고 있는 활동에 대한 안내를 받을 수 있었다.

그 외에도 Kath King of All Saints C of E Junior School의 교장인 Janet Roberts 와 Fleet, Hants는 세계시민교육이 지향해야 할 활동에 대한 많은 것을 제안해 주었다. Bulford C of E Primary School의 교장인 Bulford와 Wilts 또한 나의 학교 방문을 허락해 주었고, 교감인 Janette Diomede는 학교를 견학하도록 도와 주고 아동들이 학교에서 아프리카 학교와 연계하여 공동으로 실행한 활동에 대한 프레젠테이션을 제공해 주었다.

아동을 위한 세계시민교육이 더 좋은 생각으로 발전하는 데 다양한 제안으로 도움을 주신 분들께 감사드린다. 그리고 감수위원의 아이디어뿐만 아니라 자신의 제안까지 곁들여 통합된 세계시민교육이 되도록 도움을 준 George Robinson에게 감사드린다.

Margaret Collins

차 례

- 자신에게 사회적 책임과 권리가 있다는 것을 이해한다.
- 민주적인 과정을 이해한다.
- 모든 사람이 동등하고 다양한 문화와 사회 속에 존재한다는 사실을 인식한다.
- 다른 인종과 문화에서 많은 것을 배울 수 있다는 사실을 이해한다.
- 개발도상국이 그들의 잠재력을 실현하도록 돕는다.
- 세계 평화를 위해 자신도 해야 할 일이 있다는 것을 인식한다.

　　세계시민교육은 아동으로 하여금 세계시민으로서의 지식을 갖게 하고, 사회적·도덕적으로 책임을 지는 교양 있고 분별력 있는 시민으로서 적극적인 역할을 하도록 준비해 줄 것이다. 또한 아동을 위한 세계시민교육은 다른 사람과 함께 행동할 수 있는 자신감과 확신을 심어 줌으로써 그들의 지역사회에 기여하도록 돕는 것을 목표로 한다(www.qca.org.uk/ca/subjects/citizenship).

　아동의 권리에 관한 유엔 협약(The UN Convention on the Rights of the Child)에는 다음과 같이 명시되어 있다.

　　모든 아동은 자신에게 영향을 미치는 결정에 대하여 발언할 권리, 적절한 정보에 접근할 권리, 그리고 자신의 감정을 표현할 권리를 지닌다. 이 권리는 전 세계 모든 아동에게 해당된다.

　세계시민교육은 아동이 주변 환경을 이해할 수 있도록 도와주고, 자신의 의견을 표현하고 다른 사람의 견해를 들을 수 있는 토론에 참여하도록 도와줄 것이다. 또한 아동은 좋은 선택과 나쁜 선택의 차이점, 그리고 자신의 선택이 자신과 다른 사람에게 어떤 영향을 미치는가를 알게 될 것이다. 아동은 자기 자신이 환영받고 안전하며, 모든 아동이 공평한 학교와 지역사회를 만드는 데 공헌하는

중요한 사람이라는 것을 이해할 것이다.

아동은 자신이 속한 공동체가 민주주의를 이루기 위하여 어떻게 조직되어야 하는지, 자신이 현재와 미래에 할 수 있는 것이 무엇인지에 대해 학습할 것이다. 그리고 가정, 교육기관, 이웃, 지역사회, 국가, 국제사회에 대하여 알아 가며, 지역사회와 더 넓은 환경을 돌보는 일이 얼마나 중요한지를 이해하게 될 것이다.

다문화 사회 맥락에서 교육과정에 세계시민의 기준을 포함하는 것은 매우 중요하다. 즉, 사회적·도덕적 가치를 가르치는 것과 더불어 세계시민의 덕목을 가르치는 것은 매우 중요하다. 특히 우리나라뿐만 아니라 세계 여러 나라에서 나타나는 다양한 종류의 갈등과 분쟁을 볼 때 더욱 그렇다. 아동을 위한 세계시민교육이 중학교에서 시작되는 것은 시기적으로 너무 늦다. 따라서 교육기관을 통해 사회관계에 대한 학습이 가장 결정적으로 이루어지는 영유아기와 아동기에 즉각적으로 세계시민교육이 이루어져야 할 것이다.

『시민교육 주변에 머무르며(Circling around Citizenship)』(Collins, 2002)라는 책은 4~8세 아동이 몇몇 시민의 권리를 어떻게 행사하는지에 대한 정보를 제공해 주었으나 세계시민교육 내용에 대해서는 어떠한 언급도 없었다. 하지만 이 책은 아동에게 친숙한 것에서부터 시작하여 더 넓은 세계와 세계적인 쟁점에 대해 아동의 관심이 확장되고 또 모든 주제를 그들의 주변 상황에서 적용할 수 있도록 돕는다.

나는 이 책을 집필하기 전에 아동의 세계시민교육에 관한 폭넓은 이해를 갖도록 교육하고 있는 몇몇 초등학교를 방문했다. 내가 방문했던 학교의 수만큼이나 많은 창의적이고 교육적인 아이디어가 있었다. 하지만 모든 학교에서 발견된 공통점은 그들이 자신의 학교나 다른 지역의 학교, 혹은 다른 나라 아동과 서로 연결되고 교류해야 한다는 사실을 굳게 믿고 있다는 것이었다. 즉, 아동을 위한 세계시민교육은 고립이나 단절이 아닌 소통을 통해서 비로소 세계에 대해 더 잘 이해하도록 한다는 것이다.

몇몇 교육기관은 서로 간의 요청에 따라서 방문이나 교류가 이루어졌고 어떤 곳은 종교단체나 다른 나라의 선교회와 연결되어 이루어졌다. 또 어떤 곳은 국내의 교육기관끼리 연결되어 있었다. 어떤 지역에 있는 교육기관은 공통의 연계 조직을 형성하여 다른 지역에 있는 교육기관을 방문하기도 했다. 교사는 다른 나라의 교육기관을 방문하기도 했지만 교환방문을 아동에게 적용하기에는 다소 무리가 있는 듯했다. 하지만 교사가 타 지역의 교육기관과 교류하는 것은 아동의 세계시민 연계교육에서 중요하므로 아동이 가까운 다른 지역의 교육기관이나 이웃의 기관을 방문하는 것이 좋을 것이다.

세계시민교육을 위해 상호교류가 중요한 것은 다른 지역의 생활을 직접 경험함으로써 거기에서 일어나는 상황에 대해 좀 더 실제적인 이해를 할 수 있기 때문이다. 세계시민교육의 관점에서, 아동이 다문화 사회의 다양한 인종 집단에 속한 사람들의 생활을 이해하고 인식하는 것은 사회문화집단과 교육기관 사이의 사회경제적 차이점을 이해하고 인식할 기회를 제공한다는 점에서 중요하다는 사실을 염두에 두어야 한다.

아동교육이 아동에게 친숙한 환경에서부터 시작하는 것이 중요하다는 점을 이해한다면, 아마도 이러한 교류는 지역에 있는 다른 교육기관의 학급과 연계하는 것부터 시작하여야 할 것이다. 예를 들어, 도시 지역의 아동과 시골 지역의 아동을 결연하는 것은 다른 생활방식에 대한 이해와 경험을 제공할 수 있다. 아동의 입장에서는 다른 교육기관을 방문하고 그 교육기관과 이웃에 대해 더 많은 것을 알게 될 것이다. 또한 학급에서 또래 간의 차이점을 존중하고 수용하는 것은 아동에게 있어 매우 유익한 경험을 제공할 것이다.

따라서 아동은 먼저 자신이 속한 환경 안에 존재하는 다양한 문화를 존중하는 것에 대해 배워야 한다. 교육기관에는 다양한 인종과 다양한 문화가 섞여 있으므로 해당 교육기관 혹은 다른 교육기관이 갖고 있는 문화와 인종에 대해 많은 것을 학습할 수 있다.

아동의 연령이 높아질수록 지역사회의 교류와 연계는 다른 교육기관의 학급과 이어질 수 있다. 어떤 경우는 다른 학군과 연계될 수 있다. 다른 교육기관에 방문할 경우 가능하면 이메일이나 팩스로 협조문을 교류한 후에 방문하는 것이 좋다. 만일 다양한 국적을 가진 구성원이 있는 교육기관이 그렇지 않은 교육기관과 교류한다면 아동과 교사에게 매우 유익할 것이다. 방문 기간은 하루나 그 이상이 될 수도 있다.

이러한 활동은 가능하면 부모도 함께 하는 것이 좋다. 다문화 가정 부모가 있으나 언어에 어려움을 느낀다면 통역이 제공될 수 있다. 통신문과 알림장을 가정으로 보낼 때 부모의 모국어로 보내면 더욱 좋다. 또한 다문화 가정의 문화와 연관된 수업을 진행할 수 있다. 다른 문화권에서 온 다문화 가정 부모는 여러 가지 방법으로 교육기관에 많은 문화정보를 제공해 줄 것이다.

교사는 자신의 학급을 다른 나라에 있는 교육기관의 학급과 자매결연을 할 수 있다. 지금까지 많은 교육기관이 해외에 있는 마을이나 학교와 자매결연을 해 왔다. 비록 일시적으로 한 번밖에 방문이 이루어지지 않더라도 실제로 연대하는 것은 중요하다. 처음에는 동일 언어를 사용하는 교육기관과 자매결연을 하는 것이 훨씬 수월할 것이다. 이메일을 통해서 의견을 교환하는 것도 좋다. 이메일은 시간이 오래 걸리는 편지보다 더 효율적이다.

세계시민교육 관련 도서인 『학교 교육과정에서의 세계시민 역량 개발(Developing a Global Dimension in the School Curriculum)』(2000)은 몇몇 교육기관의 사례와 함께 시민교육에 관한 교육 방안에 따라 시행 방법에 관한 조언을 담고 있다. 거기에서 강조되는 여덟 가지 중요한 개념은 시민권, 보존 가능한 개발, 사회 정의, 다양성, 가치와 인식, 독립, 갈등 해결, 그리고 인권이다.

하지만 Fountain(1994)은 이렇게 말한다. "환경 속에서 직접적인 경험과 감각을 통해 학습을 이루어 가는 7세 이하의 아동은 정의, 권리, 자원 분배, 그리고 상호 의존에 대한 추상적인 개념을 이해할 수 없다고 생각한다. 그렇다면 어린 아동을 대상으로 세계시민에 관한 추상적인 개념을 이해시키는 것은 불가능한가?"

그녀는 아동의 범세계적으로 유사한 일상적인 행동 양상을 나열함으로써 그들이 어떻게 추상적 개념을 이해할 수 있는가를 설명하였다. 아동은 일상생활에서 종종 다음과 같이 행동하는 것을 관찰할 때 이에 적합한 사회적 개념을 이해할 수 있다.

- 때때로 성적 혹은 인종적 편견이 담긴 이름을 부른다(편견).
- 놀이에서 고의로 다른 사람을 따돌린다(차별).
- 물건을 서로 가지려 다툰다(자원 분배).
- 규칙이 공평하지 않다고 떼를 부린다(인권).
- 싸운다(평화와 갈등).
- 때때로 생각 없이 일회용품을 남용한다(환경 인식).
- 서로 나누어 쓰고 함께 협동함으로써 더 많은 것을 성취하는 방법을 발견한다(상호 의존).
- 서로 수용 가능한 문제해결 방법을 찾기 위해 협상한다(견해에 대한 의식).
- 의사결정에 미치는 어른의 힘 혹은 연령에 따라 의사결정에 차이가 나는 것(유아에게는 안 되지만 아동에게는 허용되는 것)을 발견한다(권위와 상황 인식).
- 어떤 활동에 참여할지(편지 쓰기, 쓰레기 줍기, 정원에 꽃 심기 등)를 스스로 결정한다(선택과 행동 인식).

대부분의 교사가 아동의 사회성 발달을 위해 이러한 주제에 관한 활동이 다른 무엇보다 중요하다고 이해하지만 실제로는 아주 극소수의 교사만이 이러한 활동을 학습주제로 다룬다.

Fountain은 이외에도 아동기에 발달시켜야 하는 세 가지 학습역량으로 자존감, 의사소통 기술, 협동을 제안하였다. 이것은 아동이 세계시민교육 현장에 더

욱 효과적으로 참여하도록 도와줄 수 있는 사회적 역량이다.

이 책은 개발도상국에 있는 아동과 그곳 사람들을 이해하고 인정하는 것에 중점을 두고자 하였다. 그들에게는 우리의 동정이 필요한 것이 아니라, 가진 사람과 못 가진 사람 사이의 간극을 줄여 불균형을 교정하고자 하는 우리의 이해와 도움이 필요하다. 우리는 세계의 실상으로부터 아동을 과잉보호해서는 안 된다. 아동은 이미 TV 뉴스에서 설명이 필요한 많은 문제 상황을 빈번하게 보고 있다. 그들은 단지 굶주림에 시달리는 아프리카 사람의 가난함을 불쌍하다고만 여기는가? 아니면 그들과 매우 다른 자신의 일상생활과 풍족한 문화생활을 이해하도록 도움을 받는가? 아니면 도움이 필요한 개발도상국에 사는 아동이 자신과 질적으로 유사하게 살고 있다는 것을 이해하는가?

국가 교육기관 건강 표준

국가 교육기관 건강 표준(National Healthy School Standard: NHSS)의 웹사이트에서는 PSHE(Personal, Social, and Health Education)와 시민권을 위한 NHSS 기준에 부응하기 위하여 교육기관이 다음 사항을 인식하여야 한다고 설명한다.

- 교육기관에서 실행되는 모든 교육의 영역은 아동의 개인적·사회적 발달에 영향을 주므로 그에 일치하는 메시지를 제시하여야 한다.
- 아동이 더욱 교양 있고 능동적이며 책임감 있는 시민이 되도록 영향을 주어야 한다.

따라서 교육기관은 다음과 같은 기회를 제공한다는 것을 표방하여야 한다.

- 우리 교육기관은 학교생활에서 아동이 적극적으로 참여할 수 있는 기회를 제공한다.

이 책에 제시되는 활동은 교사가 이러한 요건에 부응하도록 도와줄 것이다.

 국제 교육기관 상

1999년부터 DfES에 의해 지원되어 온 국제 교육기관 상(The International School Award: ISA)은 교사와 학교가 아동교육을 세계적인 차원에서 실행할 수 있도록 격려하기 위해 제정되었다. 이 상은 2005년 12월까지 670개의 뛰어난 교육을 실천한 교육기관에 '국제 교육기관 상'으로 수여되었다. 학교 교육과정을 심의하는 국제조정관은 국제적인 수준에서 지원을 받는 교육기관이 설립될 수 있도록 연구 방문을 포함하는 전문적인 교육 개발의 기회를 찾고 있다. 이와 연관된 다음의 웹사이트는 이에 관한 유용한 내용을 제공한다.

- http://www.globalgateway.org.uk/Default.aspxage=1343
- http://www.wiredforhealth.gov.uk
- http://www.teachingcitizenship.org.uk

 진심으로 참여하기를 원하는가

체코 출신의 코메니우스(Johan Amos Comenius, 1592~1670)는 각국의 평화와 통합을 위해 일했던 교육자였다. 그는 교육만이 인간의 완전한 잠재력을 성취하는 유일한 방법이라고 확신하였다. 유럽 연합 국가 내에서 어떤 기회가 주어질 수 있는지 다음의 코메니우스 웹사이트를 방문해 보라.

- http://www.britishcouncil.org/home/learning/socrates/socrates-comenius.htm
- http://ec.europa.eu/education/programmes/llp/comenius/index_en.html

연관된 다른 웹사이트는 다음과 같다.

- 국외기관 봉사 기회: http://www.vso.org.uk
- 세계의 시각: http://www.globaleye.org.uk
- 지역사회 개발: http://www.lcd.org.uk

다음은 PSHE 국가 표준 교육과정 중에서 발췌한 두 가지 사례로서 이 책에서 직접적으로 다루고 있는 것들이다.

 능동적인 세계시민이 되기 위한 1단계 준비

아동은 세부적인 세계시민교육을 통해 다음 사항을 학습하여야 한다.

- 한 명 또는 학급 전체와 함께 토론하기
- 주어진 쟁점에 대해 간단히 논쟁하기
- 아동이 선택할 수 있는 것과 선택한 것의 옳고 그름의 차이점 인식하기
- 또래 집단과 학급의 규칙에 동의하며 따르고, 어떻게 그 규칙이 도움이 되는지 이해하기
- 인간과 그 밖의 생물에게는 생존을 위해 필수적인 것이 있으며, 그것을 충족하기 위해서는 무언가를 해야 할 책임이 있다는 것 인식하기
- 가족이나 교육기관처럼 사회에는 여러 집단이 속해 있다는 것 알기
- 지역과 자연 환경을 개선하거나 해를 끼치는 것이 무엇인지를 알며 환경을

유지하고 돌보는 방법에 대해 학습하기
- 학급과 학교 생활에 기여하기
- 국제 원조에는 여러 가지 다양한 출처가 있으며, 국가 재정은 다른 목적을 위해 사용될 수 있다는 것 인식하기

 ### 능동적인 세계시민이 되기 위한 2단계 준비

- 특정한 쟁점이나 문제 혹은 사건에 대해 알아보고 토론하기
- 어떻게 법률과 규칙이 만들어지고, 왜 상황에 따라 다른 규칙이 요구되며, 어떻게 규칙을 만들고 수정하는 일에 참여하는지에 대해 학습하기
- 개인이나 공동체에서 있을 수 있는 따돌림이나 인종차별 같은 반사회적이고 공격적인 행동이 초래하는 결과 인식하기
- 가정과 교육기관 그리고 지역사회에는 서로 다른 종류의 책임, 권리, 의무 등이 있다는 것과 때로는 갈등을 일으킬 수 있다는 것 인식하기
- 상상력을 발휘하여 다른 사람의 경험과 입장을 이해하며 정신적, 도덕적, 사회적, 문화적 쟁점에 대해 반성적으로 생각해 보기
- 대안점을 찾아내고, 결정을 내리고, 선택사항을 설명함으로써 차이점 해소하기
- 민주주의가 무엇이며 지역적으로나 국가적으로 그것을 지지하는 기초 원리는 무엇인지 학습하기
- 국가 안에 존재하는 여러 국적의 사람이 지역적, 종교적, 인종적 정체성을 구성하고 있다는 것 인식하기
- 자원이 서로 다른 방식으로 분배될 수 있으며, 이러한 경제적인 선택은 개개인과 지역사회 그리고 환경 보존에 영향을 미친다는 사실 학습하기
- 신문, 잡지, TV와 같은 대중매체가 어떻게 정보를 제시하는지 탐구하기

이 책을 사용하는 법

이 책에서는 세계시민교육에 대한 연관 활동과 함께 다음과 같은 여섯 가지 영역을 탐구한다.

- 기본적 욕구
- 환경적 쟁점
- 공정성
- 다양한 문화 탐구
- 민주주의
- 세계적 쟁점

이 책의 각 장에는 각 영역의 주요 초점과 그것에 포함되어 있는 주제 목록, 그리고 서론이 제시되어 있다. 특별히 주제에 따른 웹사이트가 제시되어 있으나 이는 이 책의 초판 시점에 제시된 것이므로 사용자는 사용 시점에서 웹사이트 출처를 확인해 보고 만일 변경되었다면 적절한 것을 참조하도록 한다.

각각의 장은 활동과 함께 대주제로 나뉘어 있다. 이 주제들이 아동의 학습을 좀 더 폭넓게 다루게 하는 출발점이 되며, 교사에게 자극을 줄 수 있길 기대한다. 교

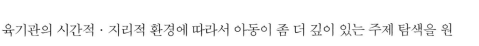

육기관의 시간적 · 지리적 환경에 따라서 아동이 좀 더 깊이 있는 주제 탐색을 원한다면 상황에 따라 적절한 도움을 주는 다양한 활동을 첨가할 수 있을 것이다.

각 장 간에는 꽤 중첩된 부분도 있다. 교사가 비록 하나의 주제에 집중하기를 원할지라도, 다른 장을 함께 살펴보면서 서로 연결된 활동을 찾아보는 것도 유용할 것이다.

각 장에는 4~6세 유아에게 적합한 활동이 서술되어 있으며, 이어서 7~9세 아동을 위해 부모와 가족이 집에서 함께 할 수 있는 가정 연계 활동이 제시되어 있다. 이 활동 자료는 교사가 다문화 가정 자녀에게 적합한 활동으로 재구성하여 사용할 수도 있다. (이를 위해 여러 기관에서 제공하는 번역 서비스는 많은 도움이 될 것이다. 교사는 이러한 서비스의 도움을 받거나 다중 언어에 능통한 부모의 도움을 받을 수 있다.)

이런 활동은 주제의 이면에 있는 의미를 토론하고 이해하도록 돕는 보조교사와 다문화가정 자녀를 개별 지도할 때도 적합하다.

어떤 활동은 경우에 따라 여러 명이 함께 하거나 둘씩 짝지어 할 수 있다. 이런 경우에는 교사가 아동 개개인의 능력과 배경에 따라 융통성 있게 구성할 수 있다. 아동도 번갈아 가며 함께 하는 활동에 대해 의견을 개진할 수 있다. 이는 모든 아동이 활동의 마지막에 학급의 모든 구성원과 함께 참여하게끔 격려하기 위해서다. 이를 통해 아동이 교실 내 활동의 공정성과 연대감을 쉽게 인식하도록 도울 것이다. 아동의 관련 자료를 기록화하기 위해 개발된 활동지를 활용할 수 있다. 또는 놀이한 활동지에 함께 놀이한 모든 친구의 이름을 적어 보거나 자유선택활동 계획지에 함께 놀이한 친구의 이름을 기록할 새로운 지면을 마련해 줄 수 있다.

각 장의 끝에는 아동의 몇 가지 후속활동과 관련된 이야기가 있다. 이 이야기들은 다양한 방식으로 사용될 수 있다. 교사는 아동에게 자신의 상황에 맞게 이야기를 만들어 보거나, 비슷한 상황으로 바꾸어 보거나, 혹은 결말을 다르게 하

여 자신의 느낌과 생각을 추가해 보도록 할 수 있다. 아동의 활동에 대한 느낌은 글로 쓰거나 그림으로 표현하게 하여 겉표지를 만든 후 한 권의 이야기 책으로 만들어 도서 영역에 둘 수 있다. 어린 유아의 경우에도 몇몇 이야기를 그림이나 벽화로 만들고 사진이나 그림을 붙이게 할 수도 있다. 교사는 아동의 그림을 모아서 그림책을 제작할 수 있다.

각 장에는 아동을 위한 세계시민교육의 주제에 따른 활동이 소개되어 있다. 먼저 활동의 서론은 각 활동을 통합해 주는 부분이다. 그리고 활동 본문은 교사에게 각각의 활동을 바르게 사용하도록 안내해 준다. 어떤 활동은 아동에게 적합하고 어떤 활동은 좀 더 어린 유아에게 적합할 것이다. 따라서 각 활동은 수업자료, 방과후 수업, 혹은 가정 연계 활동자료로 활용될 수 있다.

각 장의 끝에는 전체 활동을 되돌아보는 코너가 있어서 활동에 참여한 아동에게 자신이 어떻게 세계시민으로서 역할을 할 수 있는지를 묻는다.

전체 활동이 대체로 무리 없이 다루어졌다면 아동은 자신의 활동 결과물을 세계시민교육이라는 하나의 파일로 엮을 수 있다. 만일 활동 결과물을 전시하거나 가정으로 보내야 한다면 세계시민교육의 기록을 남기기 위하여 파일에 쓸 자료를 따로 복사해 두는 것이 좋다.

이미 많은 교육기관이 이야기 나누기 시간(circle time)을 토의 시간으로 활용하고 있을 것이다. 세계시민교육에 관한 이야기 나누기 시간에는 다른 수업시간에 다룬 다양한 주제까지 자연스럽게 토의할 수 있다. 반면 이 책에 나와 있는 많은 활동이 다른 주제활동의 이야기 나누기 시간에 다루어질 수 있다.

이야기 나누기 시간은 한 학급이 함께 모여 말하고, 듣고, 상호작용하고, 관심사항

을 나누는 정기적인 시간이다. 둥글게 앉는 것은 그 집단이 서로 후원하고 주제를 말하는 데 있어 동등한 책임을 지기 위함이며, 이는 함께 활동하는 세계시민권의 매우 중요한 연합과 협력을 나타내는 상징과도 같다.

　마지막으로 교실에 지구본을 전시하거나 세계지도를 게시하는 것은 세계시민교육을 위한 환경구성에서 아주 중요하고 필수적이다. 아동은 활동할 때 세계 여러 나라와 지역을 가능한 한 큰 지도를 통하여 참조하도록 하며, 지도는 클수록 더 효과적이다.

도입 활동

　아동과 함께 다양한 영역에서 활동을 선택하게 되더라도 다음의 도입 활동을 통해 주제에 대한 흥미를 갖도록 도울 수 있다.

　만일 교실에서 이전에 유사점과 차이점에 관한 주제로 아동과 함께 활동해 본 적이 있다면 아동에게 이와 연관된 기억을 상기시킨다. 우리가 어디에 살고 있고 어느 나라에서 출생했든지, 우리는 모두 똑같은 욕구와 동일한 기대사항과 권리 그리고 책임을 지닌다는 것을 확실히 이해시킨다.

　여기에 교실에서 함께하는 친구들을 인식하도록 돕는 몇 가지 활동을 소개한다.

자리 바꾸기(change places)

머리카락 색이나 눈동자 색 등에서 차이점을 가진 아동이 있다면 일어서게 하고, 서로 자리를 바꾸어 앉는 게임을 한다.

➡ 여러 가지 신체적인 차이점을 활용하여 제시한다.

팔꿈치 들기(raise an elbow)

공통점(예: 발가락 열 개)이 있다면 팔꿈치를 들게 한다.

➡ 신체의 여러 가지 비슷한 특성을 활용하여 제시한다.

 카드 맞추기(matching cards)

학급 아동 수만큼의 얼굴 사진을 이용해 그것을 반으로 나눈 카드를 만든다.
그리고 그것을 아동에게 나누어 준 후 다른 반쪽을 빨리 찾는 게임을 한다.

 문장 완성하기(finish the sentence)

다음 문장을 돌아가며 완성해 본다.

"나는 모든 사람과 똑같다. 왜냐하면 나는 ~"

"나는 모든 사람과 다르다. 왜냐하면 나는 ~"

 원 둘레 달리기(run around the circle)

머리카락이 긴 아동이 있다면 술레가 되어 원 둘레를 돌게 하고 자기 자리에
앉게 한다.

 원 중앙으로 나오기(come to the middle)

누나나 언니, 오빠가 있는 아동은 가운데로 나오게 해서 박수를 세 번 치고 다
른 사람이 앉았던 자리에 앉게 한다. 다른 가족 구성원, 애완동물, 좋아하는
것과 싫어하는 것 등을 제시하여 동일한 활동을 해 본다.

Global Citizenship for
Young Children

유사점과 차이점

이야기 나누기 시간에 서로의 유사점과 차이점에 대하여 이야기를 나누어 보도록 한다.

아동에게 다음 문장을 완성하도록 해 본다.

"우리 모두는 ~이 같아요."

"나는 ~와 달라요. 왜냐하면……."

모든 아동에게 세상에 있는 모든 피조물은 비슷해 보이나 자신이나 부모가 쉽게 구별할 수 있을 만큼 특별하고 독특하다는 것에 대해 이야기 나눈다. 만일 당신이 스티그 앤더슨(Stig Andersson)이 쓴 『이 세상에 얼룩말조차 똑같이 생긴 것은 하나도 없어요(No Two Zebras are the Same)』라는 도서를 찾을 수 있다면, 그것을 아동에게 읽어 준다. 만일 그렇지 못하다면, 아동에게 똑같아 보이는 얼룩말조차 모두 다르고 독특

유사한 점
눈
귀
입
다리
발가락
손가락
머리카락
치아

하다는 것을 말해 준다.

우리나라 다른 지역에 사는 사람들에 대하여 이야기를 나누어 본다. 그들은 지방 억양 때문에 우리와 약간 다르게 말한다는 사실을 설명해 준다. 주변의 자원봉사자 중 사투리를 쓰는 사람이 있다면 사례를 제공해도 좋다. 다른 지역 출신의 사람은 일할 때 다른 방식을 사용할 수 있다는 사실을 설명해 줄 수 있다. 마찬가지로 다른 나라 출신의 봉사자가 주변에 있다면 그를 통하여 여러 나라 사람이 서로 다를 수 있음을 경험하도록 한다.

그리고 다음의 두 가지 질문에 대하여 토의한다.

"어떤 사람은 자신이 다르다는 것 때문에 다른 사람보다 나은가?"
"어떤 사람은 자신이 다르다는 것 때문에 다른 사람보다 못한가?"

모든 사람은 서로가 다르게 보일지라도 인간으로서 똑같이 대우받아야 한다는 것의 중요성에 대하여 이야기를 나누어 보자.

'시민', '시민의 신분' 그리고 '세계적'이라는 단어를 설명해 준다. 그리고 교실 안에서 우리나라나 다른 나라의 시민에 대하여 잘 알아야 하며, 이는 세계의 시민으로 살아가기 위해 꼭 필요하다는 것을 알려 준다. 이 과정에서 아동은 자신의 활동을 모아 포트폴리오를 만들 수 있다.

 # 세계시민교육 포트폴리오 만들기

세계시민교육에 관한 포트폴리오를 만들기 위해 첫째, 다른 나라 예술작품이 실려 있는 몇몇 그림책이나 파일을 보여 준다. 아동에게 앞으로 활동을 하게 되면서 몇 개의 포트폴리오 파일을 만들거나 장식하게 될 것이라고 이야기해 준다. 그리고 자신의 포트폴리오 파일에 어떤 제목을 붙일 것인지 생각해 보도록 한다. 아동이 생각하는 것을 제안하도록 하고 가장 마음에 드는 제목을 선택하게 한다.

교사는 아동과 마찬가지로 유아와 활동하는 경우에도 세세한 도움을 주어야 할 것이다. 사용하는 포트폴리오 파일의 크기는 A4보다 약간 큰 것이 좋다.

먼저 아동에게 그 파일의 맨 앞 페이지에 자신을 그린 그림을 넣도록 한다. 그림 아래에는 파일의 제목과 아동의 이름을 기록한다.

바로 뒷장에는 가족을 그려 넣어 보도록 한다. 아동에게 그림에 나타난 가족에 대한 설명을 글로 표현하도록 도와준다.

이 파일은 세계시민교육 활동에 관한 것이고 자신의 파일을 마음껏 꾸밀 수 있음을 알려 준다.

아동이 자신의 파일을 꾸미기 위해 참고할 여러 나라의 예술작품이나 교사가 미리 준비한 파일을 소개해 준다.

아동은 스스로 자신의 파일을 구성할 수 있다. 종이를 끼웠다 뺐다 할 수 있는 바인더를 사용하는 것이 더 편리할 수 있다.

초점

이 장은 인간의 생존을 위해 꼭 필요한 기본적인 욕구를 아동이 이해하는 데 도움을 줄 것이다. 일상적으로 우리가 원하는 것과 생존을 위해 필요한 것은 무엇이며, 그것이 세계 여러 지역에서 어떻게 충족되는지 알아볼 것이다.

 기본적 욕구

- 집
- 가족, 우정, 사랑
- 건강관리
- 깨끗한 물
- 체온 유지와 의복
- 교육
- 보호

본격적으로 세계시민교육을 시작하기 전에 세계 여러 나라 이름이 표기된 세계지도를 준비한다. 교사는 아동과 함께 지도 곳곳을 살펴보며 세계지도 안에 우리나라는 어디에 있는지, 어느 곳은 덥고 어느 곳은 추운지, (생활에 필요한 기본적인 요구가 충족되는) 부유한 나라는 어디이고 (안전한 휴식처 또는 음식이나 깨끗한 물이 없고 추운) 빈곤한 나라는 어디인지 알아본다.

이 장 끝에는 '나를 위한 집', '나는 알고 있어요', '교육과 학습', '나는 ~를 보호할 수 있어요' 등의 활동 자료가 있고, '생활필수품 카드'는 복사하여 후속 활동에서 사용한다. 웹사이트 http://www.globaldimension.org.uk/default.aspx?id=102를 방문하여 아동이 지닌 권리와 책임에 관한 내용을 살펴보자.

 활동 관련 사이트

- http://www.centrepoint.org.uk
- http://www.homeless.org.uk
- http://www.homeless.org.au/runaways.htm
- http://www.emmaus.org.uk

기본적 욕구 ― 유아

집

이야기 나누기 시간에 유아에게 사람의 생명을 보존하기 위해 무엇이 필요한 지 질문해 본다. 유아에게 다음과 같이 질문해 보자.

'우리가 살아가는 데 꼭 필요한 것은 무엇일까요?'

이야기를 나누는 동안 유아의 생각을 기록해 둔다. 이야기 나눌 때, 다른 유아가 말한 것과 중복되면 목록에 표시해 두고, 모든 유아가 차례로 이야기하고 나면 기록한 내용을 살펴보며 각 항목에 대해 이야기를 나누어 본다. 유아가 놓친 것이 있는가? 또래 간의 우정 또는 사랑이 포함되었는가? 목록의 모든 것이 기본적으로 생활에 꼭 '필요한 것'인가, 또는 단지 그냥 '원하는 것'인가?

필요한 것과 원하는 것의 차이점에 대해 이야기를 나누고 목록에서 생략해도 되는 것이 있는지 물어본다.

유아에게 자기 집에서 필요한 것은 무엇인지 질문해 본다. 예쁜 가구, 요리하는 주방, 깨끗한 물, 안락한 침대, 놀이할 수 있는 공간……. 이러한 것이 꼭 필요한 것인지 생각해 보게 한다.

> 우리가 살아가는 데
> 꼭 필요한 것……
>
> 집
> 우리를 돌봐 줄 가족
> 음식
> 따뜻함
> 입을 옷
> 보금자리
> 놀이터
> 장난감
> 휴일
> 친구
> 나들이
> 생일

집이 편히 쉬는 곳, 깨끗한 물이 있고 안전한 곳, 음식을 요리하는 곳, 안식처, 잠자는 장소가 되기 위해 꼭 필요한 것은 무엇인지 이야기 나누어 본다.

'나를 위한 집' 활동지로 앞으로 살고 싶은 집을 그려 본다. 활동을 마치면 그림을 살펴보고 모든 공간이 꼭 필요한지 물어본다. 모두 몇 개의 방이면 충분한가? 유아에게 정말로 필요한 방은 어디인지 표시하게 한다.

유아와 함께 세계 여러 나라 사람의 집에 대해 생각해 본다. 집, 아파트, 방갈로, 간이 이동주택, 텐트 등과 같이 여러 집에 대한 생각을 물어본다. 만약 휴가 때 잠깐 활용하는 집에서 매일 살아야 한다면 어떤 기분일까? 그곳에서 계속 살고 싶을까? 그렇다면 혹은 그렇지 않다면 그 이유는 무엇일까? 집이 없는 사람은 어떻게 살아갈까? 세계 여러 나라의 집은 어떤 종류일까? 거기서 사는 느낌은 어떨까?

유아에게 세계 여러 나라의 집을 그리도록 하고 그 집에서 '꼭 필요한 것'을 기록하게 한다. 활동 후에는 자신의 포트폴리오 파일에 활동 결과물을 보관하게 한다.

참고

이야기 나누기 시간은 유아의 자아존중감 형성과 가치, 태도 및 개인적 특성 개발을 위해 이미 널리 이용되고 있다. 이야기 나누기 시간은 지난 10년간 서구 교육기관에서 가장 발전된 교수-학습 방법으로 활용되어 왔다. 이야기 나누기 시간의 주요 목표를 살펴보면 다음과 같다.

- 자아개념을 개발하고 자신감과 자아존중감 높이기
- 자신과 타인의 감정에 관해 이야기할 수 있는 능력 개발하기
- 감정이입과 협동, 배려하기, 타인 존중, 집단이나 공동체 소속 능력 개발하기
- 문제해결과 갈등해소 촉진하기
- 신뢰성, 책임과 인격의 다른 특성 개발하기
- 공동 규칙 창출 및 수용하기
- 말하기, 듣기, 문제제기 및 가설 설정 능력 개발하기
- 자기반성과 자기 가치 명료화하기

기본적 욕구 — 아동

집

인간 생활에 꼭 필요한 것 중 하나가 집이라고 아동에게 설명한다. 모든 사람이 살고 있는 여러 종류의 집을 생각해 보고 그것에 대해 이야기 나눈다. 이 장 끝에 있는 '나를 위한 집' 활동지를 사용하는 것도 좋다.

현재 우리나라에 집이 없는 사람이 있는지 생각해 볼 수 있다. 집이 없다는 것의 의미는 무엇인가? 어떤 사람이 집이 없는지 생각해 본다. 집이 없는 사람을 돕는다면 어떻게 도울 수 있는가? 정부는 그들을 위해 무엇을 하는가? 어떤 단체가 집 없는 사람을 돕는가?

우리나라와 마찬가지로 세계 여러 나라에 집 없는 사람이 있다. 아동과 함께 집 없는 사람에 대해 이야기를 나누어 보고 왜 그렇게 되었을지 물어본다. 그리고 그들의 집이 없는 이유에 대한 목록을 만든 후 내용을 살펴보고 집을 잃은 사람의 느낌은 어떨지 이야기 나눈다.

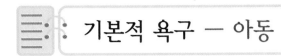

다른 나라 사람이 집을 잃는 이유는……

지진
자연 재해
홍수
태풍
토네이도
전쟁
난민
박해

만약 재난 때문에 집을 잃었다면 그들을 위해 무엇을 할 수 있는가? 누가 그들을 도울 수 있는가? 그들의 국가는 그들을 어떻게 돕는가? 도울 수 있는 자선단체가 있다면 어떤 단체가 있는가? 다른 나라 사람도 그들을 도울 수 있는가?

아주 가난한 나라에 사는 사람과 집이 없는 사람에 대해 이야기 나누어 본다. 그들은 무엇을 하며 어떻게 살아가는가? 누가 그들을 도울 수 있는가? 아동을 보

호해 줄 가정이 없는 경우는 어떨지 생각해 본다. 아동은 교사가 제공하는 책이나 지역 도서관 또는 인터넷을 활용하여 이에 관하여 알아볼 수 있다. 집이 없는 사람이 어떻게 느낄지 생각해 본다. 집이 없는 사람에 대해 글을 쓰고 그림을 그려 본 후 활동 결과물은 자신의 포트폴리오 파일에 보관하게 한다.

 가정 연계 활동

거리에 내몰린 다른 나라의 아동에 대해 조사해 본다. 세계시민교육과 관련된 모든 가정 연계 활동은 인터넷 또는 책을 활용할 수 있고 부모나 친구의 도움을 받을 수도 있다. 이 장 서두에 제시한 웹사이트 주소를 알려 주고 어떻게 인터넷 검색을 하는지 부모나 형제가 도와주어도 좋다.

기본적 욕구 ─ 유아

가족, 우정, 사랑

이야기 나누기 시간에 가족에 관하여 생각해 보게 한다. 자기 가족이 몇 명인지, 그 가족은 누구인지 확인해 보고 이에 대해 이야기 나눈다.

각 가족에는 엄마와 아빠가 있지만 모든 가족에 양쪽 부모 모두가 있는 것은 아님을 설명한다. 어떤 아동은 부모와 함께 살지 않을 수 있으며, 어떤 아동은 부모 중 한쪽 부모만이 있거나 고아일 수도 있고, 어떤 아동은 위탁 보호자와 살거나 입양기관에서 살기도 한다. 그러나 부모 · 자녀 · 부부 등의 관계로 맺어져 한집에서 함께 생활하는 모두를 가족이라 할 수 있다. 모두 잠깐 눈을 감고 자기 가족에 대해 생각해 본다. 만약 같이 살며 보살펴 주는 가족이 없다면 어떤 느낌일지 생각해 보고 다음 문장을 완성해 본다.

'나를 돌봐 주는 사람이 없다면, 내 마음은 ～할 것 같아요.'

다른 나라에도 가족이 없는 아동이 있다는 것을 생각해 본다. 보통 부모가 죽었거나 아프기 때문에 가족이 없는 경우가 많다. 어떤 아동은 형제자매는 있지만 자신을 돌봐 주는 어른이 없다. 그들은 스스로 음식과 쉴 공간을 구해야 한다. 아동에게는 가족이나 돌봐 주는 특정한 누군가가 꼭 필요하지만 그런 사람이 없는 친구도 있다는 것을 이해하도록 돕는다.

유아에게 자신의 가족을 그려 보고 가족이 있다는 것이 어떤 느낌인지 적어 보게 한다. 활동을 위해 이 장 끝에 있는 '나는 알고 있어요' 활동 자료를 사용할 수 있다.

유아와 함께 친구가 꼭 필요한지 이야기 나누어 본다. 친구에 대해 생각해 보고 친구와 무엇을 하는지 이야기 나누어 본다. 자신은 친구에게 좋은 친구인지 생각해 보고 다음 문장을 완성하도록 한다.

'나는 ~하기 때문에 친구가 좋아요.'

유아에게 친구를 그려 보게 하고 그 친구는 누구인지 기록해 보도록 한다.

사람이 살아가는 데 사랑은 꼭 필요한 것인지 이야기해 본다. 우리는 우리를 사랑해 줄 사람, 돌봐 줄 사람, 그리고 사랑할 사람도 필요하다. 그리고 가족이 없는 사람도 대부분 누군가와 함께 살면서 서로서로 돕는다는 것을 설명해 준다. 다른 나라의 가족을 잃은 아동은 또래끼리라도 음식이나 쉴 곳을 찾기 위해 서로 돕기도 한다. 가족은 없고 또래 친구만 있다면 어떨지 이야기해 본다.

유아에게 자신이 사랑하는 사람은 누구인지 적어 보도록 한다. 이를 학급의 모든 유아에게 소개한 후 포트폴리오 파일에 넣어 보관하게 한다.

기본적 욕구 — 아동

가족, 우정, 사랑

아동과 함께 다양한 가족에 대하여 이야기를 나눈다. 양쪽 부모를 가진 가족, 한부모 가족, 양부모 가족, 부모가 다른 아동과 함께 사는 가족, 자녀가 없는 가족, 조손 가족, 그리고 다문화 가족 등……. 가족에는 우리와 함께 사는 사람은 물론이고 고모, 삼촌, 사촌도 해당된다. 가족의 역할(어떻게 가족이 서로를 이해하고 돕고 돌보아 주는지)에 대하여 이야기 나눈다. 이를 위해 이 장 끝에 있는 '나는 알고 있어요' 활동 자료를 사용한다.

사람들은 종종 원치 않는 죽음과 위험 때문에 가족과 이별한다. 가족을 불행하게 만드는 세계 여러 나라의 문제에 대해 이야기를 나누어 본다. 가족이 전혀 없는 아동이라면 그의 감정은 어떨지 생각해 보고 다음 문장을 완성해 보게 한다.

'나는 가족을 잃은 친구들이 ～하게 느낀다고 생각해요.'

세계 여러 나라에 가족이 아무도 없어 가난한 아동은 어떤 모습으로 살아가는지 이야기 나누어 본다.

대부분의 사람은 사람 간의 우정과 사랑이 필요하다고 설명한다. 사랑과 우정의 같은 점과 다른 점은 무엇인지 생각해 본다. 아동이 짝을 이루어 우정과 사랑에 대한 목록을 만들어 본다. 목록에 어떤 생각이 나타나는가?

여러 친구
가족인 친구
또래 친구
동네 친구
학교 친구
오래 사귄 친구
새로 사귄 친구
다른 나라 친구
멀리 떨어져 있는 친구

아동과 함께 여러 유형의 친구에 대해 이야기 나누고 친구목록을 만들어 본다. 주변에 사는 친구 중 우리의 도움이 필요한 이웃이 있는지 이야기 나누어 본다.

 가정 연계 활동

우정을 나누거나 서로 도움을 주는 친구에 대한 실화나 동화가 있는지 찾아본다. 이야기의 제목, 저자, 간단한 이야기를 정리해서 친구들과 나누도록 한다. 특히 다른 나라에서 온 친구와 나눈 우정에 대한 이야기가 있다면 이를 기록하게 한다.

기본적 욕구 ― 유아

건강관리

이야기 나누기 시간에 '건강' 하면 떠오르는 생각에 대하여 이야기 나누어 본다. 유아가 말하는 것을 적어 보고, 건강함이란 신체적 · 정신적으로 좋은 느낌을 갖는 것임을 이해하도록 도와준다.

유아가 건강하기 위해 할 수 있는 것을 생각해 보고 다음의 문장을 완성해 보도록 한다.

'건강을 위해, 나는 ~을 할 수 있어요.'

우리 주변에 건강하지 않은 사람이 있다면 어떤 어려움이 있을지 이야기하고 다음의 문장을 완성해 보도록 한다.

'내가 건강하지 않다면, 나는 ~ 을 할 수 없을 거예요.'

아픈 사람을 돕는 일을 하는 사람은 누가 있는지 이야기 나누어 본다. 유아가 의사, 간호사, 약사, 치과의사 등을 언급하는가? 유아가 약과 휴식이 건강을 위해 필요하다는 것을 알고 있는가?

다음 목록을 만들어 본다.

- 누군가 아플 때 돕는 사람은 누구인가?
- 누군가 아플 때 돕기 위해 할 수 있는 것은 무엇인가?

건강을 유지하기 위해 국민이라면 의무적으로 가입해야 하는 '국민건강보험'에 대해 이야기 나눈다. 이는 몸이 아플 때 더 적은 비용으로 건강을 회복할 수 있게 하는 수단이다.

어떤 나라는 보험제도가 없어서 아플 때 병원에 갈 수 없다. 이는 나라가 너무 가난하여 병원이나 의사가 없어 진찰도 할 수 없고 약도 살 수 없기 때문이다.

유아에게 눈을 감고 자기가 많이 아팠을 때가 있었는지, 아플 때 누구에게 도움을 받았는지 생각해 보게 한다. 생각을 마친 후 만약 우리가 아파도 도움을 받을 수 없는 가난한 나라에서 산다면 어떤 느낌일지 이야기 나누어 본다. 그리고 아팠을 때 건강해지기 위해 누구에게 어떤 도움을 받았는지 그림이나 글로 표현해 보도록 한다. 활동 결과물은 포트폴리오 파일에 넣어 보관한다.

기본적 욕구 ― 아동

건강관리

'국민건강보험' 하면 생각나는 것에 대해 이야기 나눈다. 국민건강보험의 복잡한 체계를 설명하기 이전에 아동이 그것에 대해 알고 있는 것은 무엇인지 물어본다. 사람들은 부유하건 가난하건 아프거나 사고가 났을 때 의사나 병원을 방문하고 전문 보건 의료서비스를 받을 수 있다. 즉, 모든 사람은 병들고 아플 경우 의료적 도움을 받을 권리가 있다.

국민건강보험제도가 정착되기 전 우리나라 상황에 대해 이야기 나눈다. 사람들은 의사에게 많은 돈을 지불하고, 약을 지을 때도 개별로 많은 돈을 지불해야 했다. 세계 여러 나라에는 아직 국민건강보험제도가 없는 나라가 많아서 그 나라의 아동은 아플 때 적절한 도움을 받을 수 없는 경우가 많으며, 심지어 사망하는 경우도 있다는 것을 설명한다.

우리가 신체 건강을 유지하기 위해 우리 몸을 돌볼 수 있는 방법에 대하여 이야기 나누고, 그 방안과 건강을 유지할 수 있는 모든 방법에 대해 기록해 본다. 활동 결과물은 아동의 포트폴리오 파일에 넣어 보관한다.

건강을 유지하는 방법
과일과 채소 많이 먹기
고기, 치즈, 계란 먹기
물 충분히 마시기
식사 전에 손 씻기
운동하기
충분히 잠자기
친구와 놀이하기
계절에 알맞는 옷 입기
위험한 일 하지 않기

 가정 연계 활동

　국민건강보험제도가 시행되지 않는 나라를 알아보고 그 나라 사람들이 병들거나 아플 때 어떻게 대처하는지 가족과 함께 책이나 인터넷을 통해 찾아보도록 한다. 그리고 세계 여러 나라에 아프고 병든 사람이 있다면 우리가 도울 수 있는 일에는 무엇이 있을지 기록하도록 한다. 선진국 사람이 이전에 도왔던 것을 알아보고 다른 나라 사람의 활동을 나열해 보도록 한다.

기본적 욕구 — 유아

깨끗한 물

　유아와 함께 물은 어디에서 오는지 이야기 나누어 본다. 비와 물은 저수지에 모이고 정화되어 각 가정으로 보내진다. 우리나라 물이 사용하기에 충분히 깨끗한지 관찰해 본다. 그리고 많은 나라의 물이 마음 놓고 마실 만큼 깨끗하지 않다는 것도 알려 준다. 그런 나라 사람은 왜 물을 마음 놓고 마실 수 없는지, 그리고 어디서

우리는 물을 이럴 때 사용해요.

마시기　　　씻기
요리하기　　세탁하기
수영하기　　물놀이하기
식물에 물 주기

마실 물을 얻을 수 있을지 생각해 본 후 그런 나라를 지도에서 찾아보고 나라 이름을 기록해 본다.

　유아가 다음 문장을 완성해 보도록 한다.

　'우리는 물을 ~하는 데 사용해요.'

이에 대한 유아의 대답을 목록으로 만들어 본다.

　유아에게 물이 사용되는 곳을 그림으로 그려 보고 그림에 그들의 생각을 적어 보도록 한다. 유아가 활동 결과물을 포트폴리오 파일에 정리하기 전에 이야기

나누기 시간을 통해 서로의 생각을 나누어 본다.

유아에게 짝을 지어 물 절약을 위한 표어를 만들어 보게 하고, 유아가 생각한 표어를 게시판에 붙여 놓는다. 모든 표어를 살펴보고 가장 대표할 만한 것을 뽑는다. 그리고 큰 종이에 표어와 그에 알맞은 그림을 그려 보도록 한다. 활동 결과물을 파일에 넣어 보관하거나 집에 가져가서 가족에게 보여 주도록 한다.

만약 일 년 내내 비가 오지 않는다면 무슨 일이 벌어질지 생각해 보고 다음 문장을 완성해 보도록 한다.

'만약 일 년 내내 비가 오지 않는다면…….'

물을 전혀 구할 수 없는 나라와 물이 있어도 더러워 마실 수 없는 나라에 산다면 기분이 어떨지 이야기 나누어 본다. 그런 나라에서는 물 때문에 나무가 자랄 수 없고 먹을 음식조차 없다. 사람들이 깨끗한 물이 없는 지역에서 살아가야 하는 것이 과연 공정한 것인지 유아와 함께 생각을 나누어 본다.

기본적 욕구 — 아동

깨끗한 물

깨끗한 물에 관한 교육 자료와 정보를 얻으려면 관련 웹사이트(http://www.southernwater.co.uk)를 방문한다. 아동에게 일상생활에서 두 종류의 물(요리하고 청소하기 위한 물, 깨끗하게 마실 물)이 왜 중요한지 생각해 보도록 한다. 대부분의 나라에는 생활에 필요한 만큼 적당한 비가 오지만 어떤 곳은 거의 비가 오지 않는 경우도 있다는 것을 설명한다. 물의 양은 지역에 따라 다르다. 어떤 나라는 가뭄으로 사람뿐 아니라 동식물도 고통을 받는다.

세 개의 화분에 식물을 키워 보는 것도 물의 중요성을 이해하는 데 유용하다. 아동에게 하나의 화분에는 물을 적당히 주고, 두 번째 화분에는 물을 과하게 주고, 그리고 세 번째 화분에는 물을 주지 않고 키워 보게 한다. 2주일 동안 씨앗이 자라는 과정을 관찰하여 관찰일지를 써 보고 식물이 성장하는 것에 대해 의견을 나눈다.

평상시의 강우량을 알아보기 위해 3~6개월 동안 지역에 내리는 비의 양을 우량계로 측정해 볼 수 있다. 그리고 관찰일지에 매일의 강우량을 기록하도록 한다. 계획한 기간이 지났을 때 전체 강우량을 합산해 보도록 한다. 물의 중요성에 대해 이해하는 데 이 정도의 활동이면 충분한지 아동을 관찰하고 평가해 본다.

매일 아동이 사용하는 물의 양이 몇 리터나 되는지 예측해 보게 하고 이를 직접 측정해 본다. 그리고 수학 시간에는 주간, 월간, 연간 단위로 얼마나 많은 물을 사용하는지 계산해 보도록 한다. 뿐만 아니라 일 년 동안 자신의 가족은 물을 얼마나 사용하고 학교와 교실에서는 얼마나 사용하는지 알아본다.

국가적 차원에서 물을 절약하는 방법에는 어떠한 것이 있는지 생각해 본다.

모든 사람은 항상 수도꼭지를 제대로 잠그는가? 이를 닦을 때 물이 계속 흐르게 하지는 않는가? 한 조사에 따르면 사람은 평균 하루에 160리터의 물을 사용한다고 한다. 아동과 강우량을 조사하고 지리상 너무 적은 양의 비가 오는 곳에 대해 이야기를 나누어 본다. 비가 너무 적게 오는 나라 사람은 물을 얻기 위해 무엇을 하는가? 물이 너무 많은 지역과 너무 적은 지역을 찾기 위해 세계지도를 살펴보고 지도 위에 위치를 표시해 본다.

 가정 연계 활동

아동이 부모나 친구에게 물어보고, 책이나 인터넷을 찾아보기도 하면서 어느 나라에 물이 부족한지 알아보도록 한다. 참고로 http://wellsforindia.org와 같은 웹사이트를 방문할 수 있다.

아동에게 물이 부족하다면 농작물과 사람에게 어떤 일이 일어나는지 알아 오게 한다. 그들을 도와주고 있는 나라가 있는가? 물이 부족한 나라를 선택하고 생존하기에 충분한 물을 얻기 위해 사람들이 무엇을 하는지 조사해 보도록 한다. 과제를 마친 후 서로의 과제 결과를 함께 나누며 물이 일상생활에서 꼭 필요한 것이라는 사실을 상기하도록 한다.

기본적 욕구 ― 유아

체온 유지와 의복

　이야기 나누기 시간에 여름과 겨울의 차이점에 대해 이야기 나눈다. 그리고 다음 문장을 함께 완성해 본다.

　'겨울은……'
　'여름은……'

　겨울철에 체온을 유지하는 다양한 방법을 알아보고 적어 본다.
　아주 추운 나라와 아주 더운 나라에 사는 사람에 대해 생각해 본다.
　여름옷과 겨울옷의 차이에 대해 생각해 본다. 이야기 나누기 시간에 유아와 돌아가며 다음 문장을 완성해 보도록 한다.

우리는 여름에 반바지와 반팔 티셔츠를 입어요.

　'우리는 겨울에 ～을 입어요.'
　'우리는 여름에 ～을 입어요.'

유아에게 두 개의 그림을 완성해 보게 한다. 하나의 그림은 여름철이고 다른 그림은 겨울철이다. 두 개의 그림 속 사람들에게 옷을 그려 넣는다. 그림이 완성되면 서로의 그림을 비교해 보고 결과물을 파일에 정리해 넣는다.

어떤 나라 사람은 추운 날씨에 체온을 유지하기 위해 특별한 옷을 입는다. 어떤 사람은 털과 가죽으로 아주 따뜻한 옷을 만들어 입는다. 세계지도를 보고 어떤 나라에서 그런 옷을 입을지 예상해 본 후 그 나라를 찾아본다.

체온을 유지하는 것은 생존을 위해 꼭 필요한 것이지만 일부 나라의 사람은 따뜻한 집과 따뜻한 옷이 없고, 특히 먹을 음식이 없을 때 추위를 견디지 못하여 질병에 걸린다는 것을 설명한다.

너무 가난하여 따뜻한 집을 가질 수 없고, 집을 따뜻하게 할 난방연료도 살 수 없으며, 따뜻한 옷을 얻지 못하는 사람이 겨울에 춥게 지내는 것이 과연 공정한 것인지 유아에게 물어본다.

기본적 욕구 — 아동

체온 유지와 의복

대부분의 나라에는 사람이 살아가는 데 필요한 모든 욕구를 충족하여 주는 첨단 도시가 있다. 그러나 같은 나라더라도 어떤 지역에서는 이런 것이 충족되지 못하는 경우도 있다. 세계지도 안에서 따뜻한 집과 따뜻한 옷을 가질 수 없는 빈민국을 찾아보도록 한다.

차갑고 추울 때 느낌
몹시 추운
끔찍한
쌀쌀한
으스스한
매서운
살을 에는 듯한
서리가 내리는
얼어붙는
얼음처럼 차가운
비참한

세계 여러 나라 중 몇몇 나라는 사계절 내내 춥다. 그리고 어떤 나라는 낮에도 춥지만 해가 지고 밤이 되면 더욱 추워지는 곳도 있다.

만약 천막이나 보호소에서 살아야 하는 사람이 있다면 밤에 해가 지고 추울 때 어떤 기분일지 상상해 보도록 한다. 그리고 아주 추운 곳에 사는 사람은 추운 날씨에 대해 어떤 생각을 할지 아동과 이야기 나누어 본다. 그리고 나서 '춥다' 는 것 또는 '차갑다' 는 것을 주제로 다음과 같은 짧은 동시를 짓게 해 본다.

밤은 춥고 어두워
겨울은 내가 싫어하는 계절
여름이 가장 좋아

 가정 연계 활동

아동은 따뜻한 옷으로 체온을 유지할 권리가 있지만 모든 아동이 그런 권리를 누리지는 못한다. 따라서 우리에게 낡아서 필요없는 옷이나 물건이 있다면 그것이 필요한 나라나 단체 및 사람에게 전해 줄 수 있음을 알려 준다. 아동에게 지역에 이런 단체가 있는지 알아보고 명단을 만들어 보도록 한다. 가족에게 필요없는 옷, 장난감, 책, 가구와 물건으로 무엇을 할 수 있는지, 그리고 그것이 필요한 사람을 어떻게 도울 수 있는지 질문한다. 우리에게 더 이상 필요하지 않은 것으로 무엇을 할 수 있는지, 재활용할 수 있는 방법은 무엇인지 알아보게 한다.

기본적 욕구 ― 유아

교육

유아에게 '무언가를 배운다' 는 것은 생활에 꼭 필요한 것이라는 것을 말해 준다. 우리나라에서는 유치원이나 어린이집에 다니다 여덟 살이 되면 학교에 가야 하고 그곳에서 교육을 통해 어른으로 성장하는 데 필요한 모든 것을 배울 수 있다고 알려 준다. 하지만 세계 여러 나라의 아동이 모두 이러한 행운을 가지는 것은 아니라는 것을 말해 준다.

여섯 살인 미라는 인도 북서쪽 라자스탄에 산다. 그 나라 사람의 반은 시골에서 사는데, 미라는 엄마와 언니, 남동생과 함께 팔롬이라는 작은 마을에 산다. 미라는 여섯 살이어서 유치원이나 어린이집에 가고 싶지만 엄마는 보내려고 하지 않는다. 엄마는 미라가 동생과 가축을 돌보고 우물에서 물을 길어 오길 원한다. 미라가 사는 마을의 몇몇 남자아이만 학교에 가고 많은 여자아이는 학교에 가지 않는다. 학교까지는 한참을 걸어가야 한다. 미라네 나라를 돕는 다른 나라 사람이 몇 개의 학교를 새로 지어 주어서 많은 아이가 그곳에 가고 싶어 하지만 미라의 엄마는 미라가 학교에 가는 것을 허락하지 않는다. 미라는 읽고 쓰는 것을 배울 수 없기 때문에 때때로 아주 슬픈 생각이 든다. 미라네 마을의 많은 어른이 글을 읽거나 쓰지 못한다.

만약에 자신이 미라라면 어떤 기분인지 다음 문장을 완성해 보도록 한다.

'내가 만약 미라라면, ~라는 생각이 들 것 같아요.'

만약 부모님이 자신에게 동화책을 읽어 줄 수 없다면 어떤 느낌일지 생각해 보
도록 한다.

미라네 동네의 많은 남자아이는 학교에 간다. 남자아이의 부모님은 남자가 읽고 쓰고
수학을 배우는 것이 좋다고 생각한다. 하지만 여자아이는 곧 결혼하여 아이를 낳으면
되니까 그런 것을 배울 필요가 없다고 생각하기 때문에 학교에 가지 않아도 된다고 생
각한다.

유아에게 엽서를 나누어 주고, 미라에게 보낼 카드를 만들어 보게 한다. 카드
의 한쪽에 그림을 그리고 다른 한쪽에는 자신이 유치원이나 어린이집에서 좋아
하는 활동에 대해 미라에게 소개할 메시지를 적도록 한다. 유아의 활동 결과물
은 교실에 게시한 후 포트폴리오 파일에 보관하게 한다.

기본적 욕구 — 아동

교육

아동에게 앞의 미라 이야기를 들려준다. 몇 년 전만 하더라도 이 나라는 남자만 교육받을 수 있었다고 설명한다. 부유한 가정에서 태어난 소수의 여자는 집에 가정교사를 두거나 극소수의 여자만 대학에 갔다. 하지만 최근에 이 나라 모든 아동에게 교육받을 권리가 주어져 다섯 살이 되면 학교에 가게 되었다. '남자만이 교육받을 가치가 있다'는 주제에 대해 토론해 보도록 한다.

모둠 활동으로 인터넷이나 전화번호부를 검색하여 지역에서 제공되는 교육에는 무엇이 있는지 조사하도록 한다. 우리 지역에 몇 개의 유치원과 어린이집, 초등학교, 중학교, 고등학교, 대학교가 있는지 조사한다. 그리고 누가 교육비를 부담하는지, 누구에게서 배울 수 있는지에 대해 아동과 의견을 나누고 '교육과 학습' 활동지를 이용하여 활동해 본다. 아동이 짝을 지어 학교를 조사하고 보고서를 만들어 보게 한다. 아동과 어른을 포함하여 학교의 모든 사람이 하는 일을 조사하고 각 교실의 아동 수, 관리자, 건물, 운동장에 대해서도 조사해 보도록 한다.

특별한 이유로 학교에 갈 수 없는 다른 나라 아동이 있다면 그들의 생활은 어떨지, 그리고 왜 그럴 수밖에 없는지 생각해 본다. 아동이 교육을 받지 못해 글을 읽거나 쓸 수 없고 수학과 과학을 배울 수 없는 나라가 있다면 어떤 어려움이 생길지 예상해 본다. 모둠별로 아동이 어렸을 때부터 교육을 받아야 하는 이유에 대해 토의해 본다.

Global Citizenship for
Young Children

 가정 연계 활동

아동이 책과 인터넷을 이용하거나 가족에게 물어 우리나라에서 의무교육이 어떻게 발전해 왔는지 조사해 보게 한다. 의무교육제도를 정착시키기 위해 특별한 일을 한 사람이 있는가? 어떤 정부가 교육 발전을 위해 노력해 왔는가? 이야기 나누기 시간에 그들이 알아 온 것을 함께 나눈다.

기본적 욕구 ─ 유아

보호

'보호한다' 는 단어를 보여 주고 낱말의 의미를 물어본 후 유아의 생각을 기록해 본다. '나는 비올 때 나의 책을 보호해요', '나는 길을 건널 때 어린 동생을 보호해요' 처럼 보호라는 낱말로 짧은 글짓기 활동을 해 본다.

우리가 살아가는 데 있어서 꼭 필요한 것 중의 하나가 다칠 수 있는 모든 것으로부터 자신을 보호하는 것임을 설명한다. 때로 우리를 보호해 주는 것은 연못에 빠지는 것을 방지해 주는 울타리이거나 우리를 돌보고 보호해 주는 사람일 수도 있다. 바깥 놀이터에서 놀 때처럼 바람과 날씨, 혹은 주변의 위험한 것으로부터 우리를 보호해 주는 것에 대해 유아와 함께 이야기 나눈다. 집, 거리, 도로, 도심에서 유아를 보호하는 모든 것에 대해 생각해 보고 '우리를 보호해 주는 것'이라는 주제를 가지고 이야기를 나누어 본다.

여러 장소(집, 도로, 학교, 병원)에서 우리를 보호해 주는 사람들은 누구인지 이야기 나눈다. 유아와 여러 장소 중 하나를 고르고 그곳에서 우리를 보호하려고 일하는 사람(경찰, 이웃, 소방관 등)의 역할은 무엇인지 말해 보도록 한다. 이야기 나누기를 마친 후 가정과 지역사회에서 유아를 지켜 주고, 도움을 주는 여러 사람을 그려 보게 한다.

보호한다는 것

안전하게 해 주는 것
보살펴 주는 것
다치지 않게 하는 것
위험에서 벗어나는 것
돌보는 것
지켜 주는 것

만약 우리를 보호해 주는 부모와 이웃이 없다면 어떤 일이 일어날지 질문한다. 우리나라에는 '사회복지관'이라 부르는 기관이 있다. 이곳은 돌봄이 필요한 사람을 돌보는 일을 한다.

이런 기관에서 이루어지는 보호는 사람의 생활에 필요한 것을 충족하기 위해 꼭 필요하다는 것을 설명해 준다. 정부로부터 생활에 필요한 것을 제공받지 못하는 가난한 나라에 사는 사람에 대해 생각해 본다. 그런 나라에 집, 병원, 음식이 없다면 그들은 아플 때 아무런 보호를 받지 못할 것이다. 그래서 그들에게 도움을 줄 수 있는 이웃이 필요하다. 그러나 이웃조차 그들을 도울 수 없다면 어떤 일이 벌어질까?

유아에게 '나는 ~를 보호할 수 있어요' 활동지를 완성하게 한 다음 포트폴리오 파일에 보관하게 한다.

기본적 욕구 ― 아동

보호

이야기 나누기 시간에 생활에 필수적인 보호에 관해 이야기하고, 누가 어떻게 다른 사람을 보호할 수 있는지, 그 대상이 아동이라면 어떻게 보호할 수 있는지 생각해 보도록 한다. '나는 ~를 보호할 수 있어요' 활동지를 활용할 수 있다.

우리나라에서는 누가 아동을 보호할 책임이 있는가? 모둠으로 나누어 이에 대해 이야기하고, 함께 토의할 제목을 찾는다. 활동의 예로 '만약 부모님이 돌아가셔서 우리를 돌볼 사람이 없다면 우리에게 어떤 일이 발생할지 예상해 보기' 등을 들 수 있다.

부모가 있는 것이 당연하다고 여기는 것에 대해서도 이야기를 나눌 수 있다. 우리 주변의 부모가 없는 아동은 누군가의 도움이 계속 필요하다. 부모가 없는 아동은 어떻게 생활하는가? 앞으로 그들은 어떻게 될 것인가? 아동의 흥미가 확장되면 약자 괴롭히기나 따돌림과 같은 문제아동을 돌보는 자선단체나 키드스케이프(Kidscape)[1]에 대해서 설명한다.

보호가 필요한 어른의 문제에 대해서도 이야기를 나눌 수 있다. 그들은 가족이나 집 혹은 직업이 없기 때문에 누군가의 도움과 보호가 필요하다. 사회 내에는 이러한 사람을 돕는 여러 단체가 있다. 이러한 도움과 보호를 제공해 주는 우리나라 기관을 찾는 방법은 무엇이 있는지 알아본다.

어떤 나라에서는 아동이 불행하여 아주 어린 나이임에도 스스로를 보호해야

---

1) 역주: 아동심리학자 Michele Elliott에 의해 1985년에 설립된 런던에 기반을 둔 어린이 안전 관련 자선 단체다.

하는 경우도 있다. 그들은 종종 누군가에게 착취당하거나 아주 적은 돈을 받으면서 일해야 한다. 이런 일을 당하는 아동은 어떤 기분일지, 또는 자신이 그런 일을 당한다면 어떨지 함께 생각해 본다. 이러한 상황에 대한 느낌이나 감정을 동시나 산문으로 써 보게 해도 좋다.

 가정 연계 활동

버나도즈(Barnardo's)[2]나 키드스케이프와 같은 외국 단체에 대해 알아보도록 하고 우리나라 정부가 아프거나 집이 없는 사람 혹은 직업이 없는 사람을 돕기 위해 특별히 훈련받은 전문가를 어떻게 활용하는지 알아보도록 한다. 부모와 같이 인터넷 검색을 통해 '거리의 아이들'이라는 주제에 대해 찾도록 한다. 관련 웹사이트(http://street-children.org.uk/colombia.htm)를 참조한다.

---

2) 역주: Thomas John Barnardo에 의해 1866년에 설립된 영국의 아동 자선 단체다.

푸멜라의 이야기

이 이야기를 아동에게 들려 주고 제시한 활동을 해 본다.

아침 5시 30분이다.

태양이 멀리 남아프리카의 광대한 대지 끝 엔가니라는 작은 마을 푸른 언덕 위로 막 떠올랐다. 일곱 살 푸멜라는 아침 일찍 일어나 태양을 바라보며 얇은 나무 문을 조용히 열었다. 그녀는 예전에 아빠가 곧 지을 집과 창문 달기에 가장 좋은 위치에 대해 자신과 오빠에게 이야기하던 것을 기억한다. "태양이 뜨면 일어날 시간이고 창문을 열었을 때 너희가 아침이 온 것을 가장 먼저 알게 될 것이란다. 너희는 매일 새로운 날에 감사해야 해."라고 말씀하셨다.

하지만 때때로 푸멜라는 새로운 하루에 감사하지 않는다. 푸멜라는 너무 바쁘고 피곤하며 자주 배가 고프다. 푸멜라가 해야 하는 하루의 첫 일과는 가족을 위해 물을 길어 오는 것이다. 마을에는 수도가 없다. 푸멜라는 재빨리 옷을 입고 양동이를 가지고 가파른 경사와 좁은 길을 걸어 강가로 간다. 푸멜라는 추운 날이어도 따뜻한 옷이 없어 추위에 떤다. 푸멜라는 아빠가 빨리 돈을 벌어 엄마와 함께 따뜻한 옷을 입게 되길 원한다. 푸멜라는 차갑고 오염된 강물 아래로 양동이를 밀어 넣어 그것이 채워지길 조용히 기다리다 다 채워지면 머리에 조심스럽게 얹는다. 양동이는 매우 무겁지만 푸멜라는 2년 이상 이 일을 해 와서 이미 목이 튼튼해졌다. 그녀는 천천히 먼지 많은 경사를 걸어 올라가 집으로 향한다. 머리를 잘 움직일 수 없지만 지금 향하고 있는 곳이 언덕 위 작고 둥근 하얀 집이라는 것을 잘 안다.

푸멜라는 가족 모두를 보호해 주는 부드럽고 둥근 모양의 담벼락을 무척 좋아한다. 여름에는 둥그런 담벼락 덕분에 내부 공간이 시원하고, 겨울에는 이른 아침과 몹시 추운 밤에 그것이 가족을 보호해 준다. 푸멜라는 담벼락을 쌓기 위한 벽돌의 회반죽을 만들기엔 너무 어렸지만, 열 살 먹은 오빠 시포와 아빠가 집을 짓고 지붕을 엮을 수 있도록 기다란 풀더미를 나르는 일을 돕는 것을 자랑스러워했다. 푸멜라가 사는 이곳은 조용하고 길이

거의 없어 방문하는 사람이 드물다.

7시 45분에 학교 수업이 시작되지만, 학교 가기 전에 푸멜라는 어린 두 남동생을 위해 옥수수죽을 만들어야 하고, 불에 달궈 놓은 무거운 철 다리미로 자신과 오빠의 교복을 다 림질해야 한다. 모든 빨래는 쉽게 말리기 위해 강가 따뜻한 돌 위에 펼쳐 두어 주름이 많 이 잡혀 있지 않아 다림질은 오래 걸리지 않는다. 오빠 시포는 옷을 입고 나서 풀로 만든 잠자리 이불을 둘둘 만다. 엄마는 3킬로미터 떨어진 큰 농장에 감자를 캐러 가는 길에 그 것을 할머니 집에 가져다 드릴 것이다.

푸멜라의 아빠는 카페 타운에서 일한다. 시포는 아빠가 일하시는 곳에 가고 싶어 한 다. 아빠가 일하시는 곳은 여행자를 위한 금속 기념품을 만드는 공장이다. 아빠는 바빠 서 집에 자주 오지 못하신다. 그러나 아빠는 가족을 위해 돈을 보내온다. 푸멜라는 아빠 가 송금을 했는지 확인하기 위해 종종 방과 후에 우체국에 간다. 우체국 열쇠는 풀로 만 든 목걸이에 걸려 있고, 그녀는 오늘도 교복 셔츠 안에 그것을 넣고 있다. 지난해 푸멜라 는 100 이상의 숫자를 배워서 지금은 가족 소유의 107번 우편함을 열 수 있게 되었다.

이제 시포와 푸멜라는 학교에 갈 준비를 한다. 학교까지의 거리는 8킬로미터. 8월은 아직 겨울이고 기온은 물이 얼 정도로 춥다. 하지만 학교에 도착하면 양털 모자와 장갑을 벗어야 한다. 그들은 학교 갈 때 신는 검은 신발의 먼지를 털기 위한 작은 헝겊을 코트 주 머니에 넣고 숙제 연습장과 몽당연필과 자를 넣어 둔 작은 플라스틱 가방을 가지고 간다.

학교 근처에 도착했을 때, 그들은 산허리에서 백색 연토질 석회암을 털어 낸다. 그러고 는 학교 앞 마른 갈색 풀 위에 아이들이 모여 줄을 서고 있는 것을 보고 뛰어간다. 만약 학 교에 늦으면 들어갈 수 없다는 것을 잘 알고 있기 때문이다. 다행히 시간에 맞추어 교실에 도착하면 다 함께 찬송가를 부른다. 목소리가 점점 커지고 맑고 푸른 하늘에 500여 명의 학생이 부르는 주기도문이 가득 채워진다. 그리고 운동장은 온기로 채워지기 시작한다.

기도를 하고 공지사항을 듣고 나서, 그들은 춥고 어두운 교실로 조용히 줄지어 들어간 다. 교실에는 문이나 유리창이 없다. 다만 벌집 모양의 콘크리트 벽돌로 된 개방된 복도 와 창문으로 햇빛이 들어오면 환기가 된다. 태양이 높이 뜰 때까지 교실은 어둡고 매우 춥다. 푸멜라는 운 좋게 책상과 의자가 있는 교실에서 수업을 받지만 시포의 교실은 가 장 낡은 교실이어서 몇몇 학생은 땅바닥에 앉아야 한다.

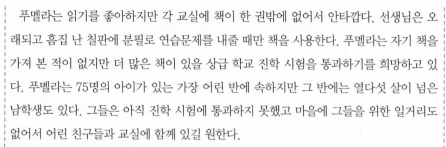

푸멜라는 읽기를 좋아하지만 각 교실에 책이 한 권밖에 없어서 안타깝다. 선생님은 오래되고 흠집 난 칠판에 분필로 연습문제를 내줄 때만 책을 사용한다. 푸멜라는 자기 책을 가져 본 적이 없지만 더 많은 책이 있을 상급 학교 진학 시험을 통과하기를 희망하고 있다. 푸멜라는 75명의 아이가 있는 가장 어린 반에 속하지만 그 반에는 열다섯 살이 넘은 남학생도 있다. 그들은 아직 진학 시험에 통과하지 못했고 마을에 그들을 위한 일거리도 없어서 어린 친구들과 교실에 함께 있길 원한다.

쉬는 시간에 선생님은 종종 운동장 나무 아래 풀밭으로 학생들을 데리고 나간다. 푸멜라와 시포의 몸이 따뜻해지기 시작할 때 선생님은 가장 어린 학생들에게 빵 조각과 우유를 나누어 준다. 학교 안으로 들어와 정오가 되면 배가 고파서 수업에 집중하기가 어렵다. 할머니가 주시는 한 조각의 빵을 먹기 위해 집에 가려면 아직도 두 시간이 남아 있다.

활동

아동과 함께 우리 학교(또는 유치원이나 어린이집)와 푸멜라가 다니는 학교 간의 다른 점에 대해 이야기 나누어 보고 거론된 차이점을 기록해 본다.

유아에게는 푸멜라의 학교를 그림과 글로 표현하도록 하고, 아동에게는 자신의 학교생활과 푸멜라의 학교생활 간의 차이점을 적어 보도록 한다.

아동이 학교에 다니고 교육받을 권리가 있는지에 대해 이야기 나누어 본다. 미라의 이야기를 회상해 보고 특정 나라의 아동은 학교에 갈 수 없으며 아주 어릴 때부터 부모를 위해 일해야 한다는 것을 상기시킨다.

활동 후 가장 좋은 주제를 골라 그것에 대한 생각을 함께 나누고 활동 결과물로 책을 만들거나 파일에 보관하게 한다.

기본적 욕구 — 되돌아보기

이야기 나누기 시간 전에 아동에게 이 장의 활동 결과물을 살펴보게 하고 함께 작업한 아동들과 활동 목록표를 만들어 보게 한다.

이야기 나누기 시간에 이 장에서 다룬 모든 주제에 대한 아동의 생각과 느낌에 대해 이야기 나누어 본다. 생활에 필수적인 것을 충족해 주는 우리나라에 사는 것은 어떤 느낌인지, 자신의 필요를 전혀 충족해 줄 수 없거나 아주 극소수만 충족해 주는 나라에 산다면 어떨지 질문해 본다.

아동에게 자신을 돌보는 사람이 있는 공간에서 함께 사는 것이 어떤 느낌인지 동시와 노래 또는 산문으로 표현해 보게 한다. 아동에게 모둠으로 활동하여 그들이 배운 기본적인 필요에 관한 모든 목록을 만들어 보도록 한다. 아동이 다른 것을 추가할 수 있는가? 교실에서 이 목록을 통합하고, 이것을 전시한 후 복사하여 파일에 넣는다.

'생활필수품 카드'를 복사하고 잘라서 모둠별로 나누어 준다. 각 모둠에 그들이 선택한 순서에 따라 카드를 놓게 하고 왜 이런 순서가 되었는지 이야기를 나눈다. 그들의 순서 목록에 대해 이야기를 나눈다.

5~8명을 위한 집단 게임에 카드를 사용할 수 있다. 모둠원이 둥글게 앉은 다음에 중간에 카드를 모아서 엎어 놓는다. 첫 번째 사람이 맨 위 카드를 가지고 그것을 읽는다. 다음 사람이 우리나라에서는 이러한 필요가 우리에게 어떻게 충족되고 있는지 말한다. 다음 사람은 이것이 충족되지 않았을 때 무슨 일이 일어나는지 말한다. 세 번째 사람은 이 기본적 필요를 누가 채워 주는지 말한다. 네 번째 사람은 다음 카드를 뽑는다.

참여하기, 세계시민의 과제

아동에게 다른 나라 사람들의 기본적 욕구를 채워 주기 위해 우리가 도울 수 있는 방법을 생각해 보게 한다. 우리 정부가 그것을 도와주고 있는가? 우리가 커서 그들 생활에 꼭 필요한 것을 공급하기 위해 노력할 수 있는 것에는 무엇이 있을까? 이 장에서 활동한 영역 중 우리가 지금 할 수 있는 것은 무엇인가?

실례로 http://www.oaza.com/about.html과 같은 몇몇 웹사이트를 방문하여 확인할 수 있다.

 생활필수품 카드

카드를 확대 복사하여 사용하거나 목록을 새롭게 만들어 쓸 수 있다.

영양 있는 음식	깨끗한 물	의복
체온 유지	안전	사랑과 관심
건강관리	안전보장	가족
교육	의료	문화생활
휴식	집	재미있는 놀이

나를 위한 집

살고 싶은 집을 그린다. 내가 꾸미고 싶은 방의 구조와 갖고 싶은 가구 및 물건, 그리고 목록을 기록한다. 추가 작업으로 다른 활동지에 꼭 필요한 것만으로 꾸민 자그마한 집을 그려 본다.

내가 살고 싶은 집

내게 꼭 필요한 것은……

Global Citizenship for
Young Children

 나는 알고 있어요

가족이나 친척, 또는 도움을 주는 사람을 그려 보고 그들이 나에게 주는 도움에 대해 아는 것을 적어 본다. 더 많은 사람이 있다면 추가로 다른 활동지에도 해 본다.

이 사람은 _____ 이에요.	내가 받는 도움
이 사람은 _____ 이에요.	내가 받는 도움
이 사람은 _____ 이에요.	내가 받는 도움

교육과 학습

  나는 매일매일 무엇을 알아 가는가? 내가 배우는 것을 누가 도와주는가? 다음 공간을 채워 본다.

나는 가족에게서 이런 것을 배워요.	나는 선생님에게서 이런 것을 배워요.

교육

나는 친구에게서 이런 것을 배워요.	나는 ○○에게서 …을 배워요.

 나는 ~를 보호할 수 있어요

나를 보호해 주는 사람을 그려 보고 그 사람의 역할을 적어 본다.

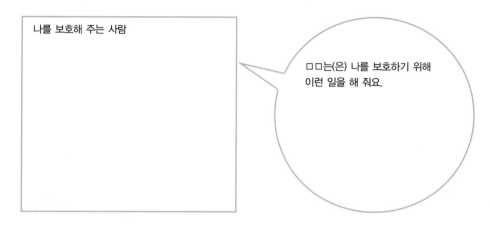

나를 보호해 주는 사람

□□는(은) 나를 보호하기 위해 이런 일을 해 줘요.

내가 보호하는 사람이나 사물을 그려 보고 그 일이 무엇인지 적어 본다.

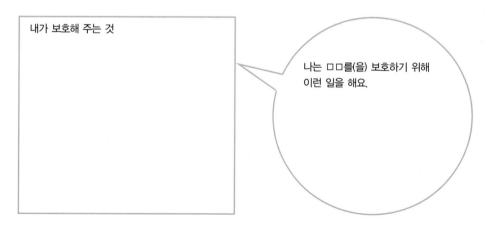

내가 보호해 주는 것

나는 □□를(을) 보호하기 위해 이런 일을 해요.

02

환경적 쟁점

초점

　이 장에서는 아동이 주변 환경에 대해 바르게 인식함으로써 스스로 환경을 지키고 보호하는 역할을 하도록 도와줄 것이다.

　아동은 먼저 여러 가지 환경을 탐구하기 전에 환경이 무엇인지 살펴볼 것이다. 그리고 다음 주제와 연관된 활동을 통해 환경 보호가 중요하다는 것을 알게 하는 것이 이 장의 목표다.

> 교실환경 관리를 위해 각 교실에서는 일주일 단위로 '환경지킴이' 당번을 임명할 수 있다. 환경지킴이 당번은 특별한 배지나 모자를 쓰고 전등은 잘 꺼져 있는지, 수도꼭지는 잘 잠겼는지, 쓰레기 분리수거는 잘 되었는지 점검하는 역할을 한다.

• 지역 환경: 학교, 집, 공동 사회
• 세계 환경
• 생태계: 지역과 세계

깨끗한 환경

- 종의 보존
- 물: 공중 위생과 즐거움
- 재사용, 재활용, 기증
- 쓰레기와 폐품
- 수입 식품

이 장 끝에 있는 '물을 아껴서 써요', '주변에서 주웠어요' 활동지를 참고한다.

환경적 쟁점 — 유아

지역 환경

이야기 나누기 시간에 '환경'이라는 낱말을 듣고 떠오르는 생각에 대해 이야기를 나누어 본다. 유아가 말한 것을 기록해 보고 자기가 언급한 것이 올바른지 그렇지 않은지 이야기해 보게 한다. 환경이란 우리 주위에 있는 거의 모든 것이며 우리가 주로 가는 곳, 우리가 사는 집, 주변 지역, 도시 등을 의미한다고 설명해 준다.

유아와 함께 교실을 돌아보고 누가 교실 환경을 꾸미고, 놀이하고 싶은 즐거운 공간으로 만드는지 질문해 본다.

'우리 교실 환경을 돌보는 사람은 ~이다.'

유아가 자기 자신을 언급했는가?

유아에게 교실 환경을 스스로 깨끗이 하고 행복하게 만드는 역할을 하는지 물어보고 그것을 위해 무엇을 했는지 이야기해 보게 한다.

유아와 가정 환경에 대해 생각해 본다. 누가 가정을 깨끗하고 안락하게 만드는가? 어른만의 일인가 아니면 유아의 역할도 있는가? 유아는 집에서 어떤 일을 하고 있는가?

 교실 밖 환경을 생각해 본다. 유아가 살고 있는 지역사회, 길거리, 상점가, 공공장소 등을 누가 깨끗하고 살기 좋게 만드는가? 동네의 미관을 위해 사람들은 무엇을 하는가? 유아는 깨끗하고 살기 좋은 환경을 만드는 데 어떤 역할을 하는가?

 A4 용지를 두 번 접어서 삼등분을 한 다음 유아에게 각 부분에 여러 주변 환경(교실, 학교, 집)을 그리고 우리가 즐겁고 편리한 생활을 하는 데 필요한 것을 그려 넣게 한 후 그에 대해 이야기 나눈다.

환경적 쟁점 ― 아동

지역 환경

앞서 제시했던 유아의 첫 번째 활동과 같이 모든 아동과 '환경'의 의미에 대해 생각을 나누어 본다.

아동이 두 명씩 짝을 지어 자신이 알고 있는 지역 환경에는 어떤 것이 있는지 기록해 보도록 한다. 그리고 다른 짝과 목록을 비교해 보고 중복된 것은 삭제한다. 다시 네 명씩 짝지어 동일한 활동을 한다. 마지막으로 한 학급 전체가 함께 모여 지역 환경에 대한 하나의 목록을 만든다.

또 다른 활동으로 아동이 같은 짝과 함께 환경 목록 중에서 하나를 선택하여 그것을 깨끗하고 안전한 매력적인 곳으로 만드는 사람들과 그들의 역할을 글과 그림으로 표현해 보도록 한다. 활동 결과물은 벽면에 게시하거나 아동의 포트폴리오 파일에 보관하게 한다.

아동과 거리나 배수로처럼 공동으로 이용하는 구역은 누가 깨끗하게 청소하고 누가 그 일을 담당하는지, 누가 비용을 부담하고 있는지 알아본다.

 가정 연계 활동

아동이 귀가하는 길에 주위에 있는 거리 시설물(예를 들어, 버스 정류소, 소식 게시판 등)의 목록을 작성해 보도록 한다. 가정에서 알고 있는 거리 시설물 몇 개를 그려 본 후 누가 그것을 만들었으며 관리하는 사람은 누구인지 알아보게 한다.

학교에서 자신의 수행 과제를 발표하고 조사한 거리 시설물의 목록을 종합해 본다. 거리 시설물은 어디서 제공하고, 유지 및 관리하는 비용은 어디에서 나오는지 토론해 본다. 그리고 우리 주변환경을 보호하고 쾌적하게 유지하기 위해 누가 어디서 무엇을 하는지 토의해 보도록 한다. 다른 나라에서는 이러한 일을 어떻게 하는지 알아보도록 한다. 과연 어떤 나라가 다른 나라에 비해 지역 환경 관리를 위해 더 많은 돈을 투자하는가? 이것이 더욱 공정하게 이루어지도록 하기 위해 누가 어떤 일을 해야 하는가?

환경적 쟁점 — 유아

세계 환경

　유아들이 알고 싶어 하는 세계 여러 나라에 관한 자료를 모아 본다. 이야기 나누기 시간에 세상에서 가장 큰 환경인 지구 전체를 생각해 보고 세계지도에서 여러 나라를 찾아본다.

　유아와 함께 자신이 태어난 곳과 그 동안 여행을 다녀온 장소에 대해 이야기 나누어 본다. 세계지도 위에 핀과 색실을 사용하여 자신이 태어난 곳에 핀을 꽂고 이제껏 여행했던 곳과 연결해 보게 한다. 유아들이 알고 있는 나라에 대해 돌아가며 이야기해 보도록 한다.

　우리나라는 사계절이 있다는 것을 설명한다. 하지만 어떤 나라는 사계절 없이 일 년 내내 매우 덥거나 추운 나라도 있다. 지도를 참고하여 더운 나라와 추운 나라를 찾아 목록을 만들어 본다. 유아에게 추운 나라 사람은 어떻게 사는지 생각해 보게 한다.

　'그곳에 사는 것은 어떨까? 그곳에 사는 친구들은 어떻게 생활할까?' 등 생각을 모아 본다.

추운 나라 하면 떠오르는 것
얼음
눈
길고 어두운 밤
짧은 낮
따뜻하고 두꺼운 옷
체인을 감은 차
눈 치우는 차
눈사람
고드름
스키
스케이트
썰매

해가 뜨지 않는 나라에 사는 아이들이 유치원이나 어린이집에 가야 하는 상황 또는 날씨가 너무 추워 옷을 많이 껴입어야 하는 상황에 대해 이야기 나누어 본다. 추운 나라에 사는 유아는 유치원이나 어린이집에 가기 위해 옷을 여러 벌 두껍게 껴입어 몸을 따뜻하게 한다. 그들은 바깥에 나갈 때마다 매번 옷을 챙겨 입어야 한다. 노르웨이의 몇몇 교육기관은 비가 오거나 눈이 올 때도 바깥 놀이 활동을 창의적으로 제공하기 위해 유아를 일주일에 이틀 이상 숲에서 놀게 한다.

노르웨이, 스위스, 스웨덴, 아이슬란드와 같은 나라의 여름은 어떨지 이야기 나눈다. 유아는 꽃과 나무가 눈 아래 있다가 눈이 녹을 때 자라기 시작하여 짧은 여름에 꽃과 열매를 맺는다는 것을 아는가? 그곳에서 동물이나 새는 어떻게 지내는가?

더운 나라의 여름철과 겨울철에 사람들이 어떻게 생활하는지 알아보기 전에 추운 나라의 여름 생활에 대해 유아와 함께 알아본다. 네 명씩 짝을 이루어 덥거나 추운 나라의 겨울 또는 여름 생활에 대해 그림을 그려 보게 한다.

환경적 쟁점 — 아동

세계 환경

아동에게 앞 장에서 했던 도입 활동을 소개하고 세계지도 위에 그들이 태어난 곳과 자신의 이름을 표시해 보도록 한다. 북반구에 대해 이야기하고 아동에게 이들 나라 사람의 삶에 대해 아는 것이 있다면 말해 보도록 한다. 남반구에 대해서도 같은 방법으로 활동해 본다.

세계 여러 나라 중 선진국 몇 나라를 소개하고 지도에서 이들 나라를 찾아보도록 한다. 그리고 선진국에 사는 사람들의 삶은 어떨지 토론해 본다. 예를 들면, 미국이나 영국은 매우 발전된 나라로 보는데 그 이유는 무엇인지 아동의 의견을 들어 본다. 미국이나 서부 유럽의 어떤 천연자원이 국가 발전에 도움을 주었는가? 정부는 국가 발전을 위해 무엇을 하였는가? 아동과 다른 선진국에 대해서도 이야기를 나누고 그 나라는 왜 발전할 수 있었는지 토의해 본다.

반면에 세계 여러 나라 중 몇몇 나라는 아직도 발전하는 과정에 있거나 국가 체계가 잘 조직되어 있지 않은 경우도 많다. 어떤 나라는 아주 가난하고 또 어떤 나라는 아주 부유하다. 같은 나라 안에서도 잘 사는 도시가 있는가 하면 가난한 지방도 있다. 아동은 세계 여러 나라 중 부유한 나라와 개발도상국에 대해 얼마나 알고 있는가?

선진국과 개발도상국에 사는 국민의 삶은 어떻게 다르고 그 차이의 원인은 무엇인지 토론해 보도록 한다. 이러한 차이점이 생기는 한 가지 원인은 각 나라의 천연 자원이다. 몇몇 미개발 국가 중 일부는 풍부한 천연자원이 있지만 국가적 차원에서 부의 분배가 제대로 이루어지지 못하고 있다. 그에 반하여 어떤 나라는 천연자원이 아주 빈약하거나 혹은 정부가 국민이 자원을 지혜롭게 사용하도

록 돕지 못한다. 또 어떤 나라는 천연자원을 부당하게 이용한다. 어떤 나라의 사람은 자신과 자신의 가족만을 위해 나라의 부를 독차지하고 있으며, 다른 국민을 빈곤한 채로 방치해 둔다. 이런 현상을 어떻게 공정하게 변화시킬 수 있는가?

 가정 연계 활동

아동에게 선진국과 개발도상국 중 한 나라씩을 선택하게 하고 그 나라를 지도에서 찾아보도록 한다. 아동이 선택한 두 나라에서 살고 있는 사람의 삶의 차이를 가족에게 묻거나 책이나 인터넷을 활용하여 조사하도록 한다. 국가 발전이 항상 환경과 관련이 있는가? 아동이 다른 특정 나라를 선택하고 이와 같은 방식으로 조사하도록 도울 수 있다. 그들이 조사한 것에 대해 토론하고 조사한 자료를 교실 벽면에 게시하여 세계 환경을 이해하는 데 사용할 수 있다.

환경적 쟁점 — 유아

생태계 – 지역과 세계

생태계라는 말이 무엇을 의미하는지 간단한 말로 유아에게 설명한다. 성장하는 모든 것(사람, 동물, 식물)이 주변 환경과 어떻게 관련되어 있는지 알아보고 생존을 위해 서로 어떻게 의존하는지 알아본다.

많은 식물은 곤충을 통해 수정하고, 그로 인해 열매를 맺는다는 것을 설명한다. 정원에서 볼 수 있는 벌과 나비는 나무에서 나무로 화분이라는 '마법의 가루'를 전달해 주는 역할을 하여 식물의 씨와 열매가 맺는 것을 도와준다. 유아에게 날아다니는 모든 벌레가 한꺼번에 죽는다면 어떤 일이 일어날지 예상하게 하고 다음 문장을 완성해 보도록 한다.

'벌레가 없다면…….' (예를 들어, 벌레가 없다면 사과가 없을 거예요.)

어미 새는 날지 못하는 어린 새끼를 위해 먹이가 될 만한 진딧물이나 쐐기 같은 벌레가 풍부한 봄에 둥지를 만든다는 것을 설명해 준다.

각 나라마다 날씨나 토양이 다르기 때문에 서로 다른 식물이 자란다. 바나나가 왜 우리나라에서는 자라지 않는가? 왜 레드우드 나무는 미국에서만 자라는

생태학은 살아 있는 유기체의 분포와 번성, 그리고 유기체와 환경 사이에 어떤 관계가 있는지에 대해 과학적으로 연구하는 거예요.

가? 왜 어떤 나라 사람은 쌀을 주로 먹고 어떤 나라 사람은 빵을 주로 먹는가?

유아에게 우리나라에서 사는 세 가지 종류의 나무와 동물의 이름을 기록해 보도록 한다. 그리고 다른 나라에 사는 두 종류의 나무와 동물을 그려 보게 하고 이름을 기록한 후 그들이 살고 있는 나라를 지도에서 찾아 적어 보도록 한다.

유아와 함께 게임을 할 수도 있다. A4 용지를 반으로 나누어 한쪽에는 나라 이름을 적게 하고, 다른 한쪽에는 그 나라에서 자라는 것을 그리게 한다. 각각의 조각 그림과 나라 이름을 섞어 유아에게 나누어 주고 서로 연관된 것을 찾아보도록 한다.

눈표범과 같이 멸종 위기에 있는 동물에 대하여 설명해 주고, 지구상의 모든 사람은 세계의 동식물이 멸종하지 않도록 돌볼 책임이 있다는 것을 이해하게 도와준다.

환경적 쟁점 － 아동

생태계 – 지역과 세계

아동에게 세상의 다양한 생물과 식물이 서로 어떻게 의존하며 살아가는지 알아보려 한다는 것을 설명한다. 생태학의 정의를 알아보고 그에 관해 토론해 보자. 아동은 식물과 동물이 서로 어떻게 의존하는지 사례를 제시할 수 있는가? 예를 들어, 맹금류는 그들의 새끼를 위해 알과 작은 짐승을 잡아먹는다. 겨울잠쥐는 체온 유지를 위해 농장의 농작물 안에 집을 짓는다. 흰털발제비는 농장 건물 안에 집을 짓는다.

아동에게 학교 주변에 있는 식물과 나무를 조사해 보도록 한다. 조사한 것의 이름을 적고 그림으로 그려 본다. 좀 더 심화된 활동으로 우리나라에 있는 식물, 나무, 곤충, 새, 동물의 다섯 가지 유형을 제시하고 한 모둠당 한 개 유형을 선택하여 우리나라에서 서식하는 종류에 대해 아동이 찾을 수 있을 만큼 조사해 보도록 한다. 아동은 도서와 인터넷을 사용할 수 있다. 각 모둠에서 조사한 자료를 모아 교실에 게시한다. 조사한 생물이 각각 생존을 위해 어떻게 환경과 상호의존하는지 의견을 나눈다.

확장 활동으로 아동이 선택한 생물과 식물에 대해 조사한 것을 여덟 개 또는 아홉 개의 분류군으로 나누어 작업을 하도록 한다. 각 분류군을 나눌 때 활동을 도와주어 각 모둠의 분류 작업이 중복되지 않도록 하고, 더 작은 모둠이나 짝으로 나누도록 돕는다. 각 모둠에서 조사한 것을 보여 주고 발표해 본다.

아동이 알고 있는 먹이사슬을 상기시키고, 농작물을 더 크고 보기 좋게 만들기 위해 사람들이 농약이나 화학제품을 사용한다면 먹이사슬이 어떻게 붕괴되는지 생각해 본다.

 가정 연계 활동

아동과 우리나라의 여러 생태 환경에 대한 목록을 만든다. 우리가 알고 있는 강, 바닷가, 농촌, 삼림지대, 도시, 마을 중 한 지역을 선택하여 그곳에 살고 있는 동물과 식물이 서로 어떤 상호작용을 하고 있는지 조사해 보도록 한다.

환경적 쟁점 ― 유아

종의 보존

이야기 나누기 시간에 왜 일부 식물과 동물이 점점 없어지는지 이야기 나누어 본다. 이미 지구에서 멸종된 것 중 하나의 예를 들고 그 이유를 아는지 질문한다.

'멸종'의 의미가 무엇인지 설명해 주고 오래전 기후변화 때문에 멸종된 공룡에 대해 생각해 본다.

지금은 멸종된 도도새에 대해 이야기 나눈다. 도도새는 숲 속에 둥지를 짓고 살며 아주 가끔 한 번에 하나씩 알을 낳는 날 수 없는 덩치가 큰 새다. 과거에는 모리셔스 섬 숲에서 살았고 물고기를 잡아먹기 위해 연못을 넘나들었다. 하지만 유럽 사람이 1598년 식량을 얻기 위해 모리셔스 섬에 상륙한 후 섬의 환경은 아주 달라졌다. 상륙한 배에서 나온 동물들은 도도새의 알을 먹었고, 80여 년 후인 1681년경에는 섬에 있던 모든 도도새가 살상되고 부화할 알조차 남아 있지 않았다. 몇 년 전 도도새의 뼈가 발견되었고 과학자는 이 멸종된 종에 관해 보고하였다. '도도'란 포르투갈어로 '바보'라는 의미다. 이 새는 덩치가 너무 크지만 날 수 없어서 이 새를 잡으려는 배고픈 사냥꾼에게서 도저히 도망갈 수 없었기에 이같이 불렸다.

대형 원숭이와 눈표범과 같이 멸종위기에 있는 다른 동물에 대해 유아와 이야기를 나누고 멸종위기의 원인에 대해 알아보도록 한다. 멸종 원인의 대부분은

그들이 살던 거주지가 망가졌기 때문이다. 그리고 숲 환경이 망가져 기존의 종이 살던 지역에 다른 식물이나 동물이 살기 시작했기 때문이다. 마치 회색 다람쥐가 강해져서 붉은 다람쥐의 먹이를 강탈하는 경우와 같다. 때때로 사냥꾼이 동물의 가죽을 벗기고, 코끼리 상아를 자르고, 여우 목도리 등을 만들기 위해 동물을 죽이기 때문이기도 하다.

유아에게 도도새의 그림을 그려 보게 하고 그에 대해 느낀 점을 짧은 글로 써 보도록 한다. 사람이 동식물의 멸종을 막기 위해 무엇을 해야 하는지 생각해 보게 한다. 유아가 비록 지금은 어리기 때문에 많은 것을 할 수 없지만 사람들이 종의 보존을 위해 어떤 일을 해야 하는지 알고 성장한다면 그들이 미래에 할 수 있는 일은 지금과 다를 것이다.

환경적 쟁점 — 아동

종의 보존

아동과 몇몇 종류의 동식물이 멸종한 것에 대해 이야기 나눈다. 2006년 3월 16일 나비에 대한 연구보고에서 10여 종의 영국 나비 가운데 7종이 멸종했다고 가디언[1]지가 보도했다. 보도에서는 나비 종류의 멸종은 집약식 농업과 서식지 파괴 및 기후 변화가 주요한 원인이라고 하였다.

아동에게 책, 백과사전, 인터넷에서 도도새를 찾아보고 그 종에 대해 글과 그림으로 표현해 보게 한다. 다음 웹사이트는 좋은 예시가 될 수 있다.

• http://www.pbs.org/wgbh/evolution/extinction/index.html

아동과 공룡의 멸종에 대해 토론해 본다. 공룡의 멸종의 원인은 날씨와 서식지의 변화 때문일 수 있다. 이것에서 알게 된 것에 대해 이야기 나눈다. 아동을 모둠으로 나누어 동물, 물고기나 새들 중 멸종 위기에 처한 것은 어떤 것이 있는지 알아보도록 한다. 예를 들면, 호랑이, 코끼리, 눈표범, 북극곰, 팬더, 연어,

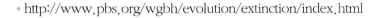

1) 역주: 영국 런던에서 발행되는 일간신문이다.

대구, 고래 등을 들 수 있다. 그리고 그것 중 하나를 선택하여 그에 대해 더 많은 것을 깊이 있게 조사해 보게 한다. 그것은 어디에 살고 있으며 무엇을 먹고, 왜 위험에 처하게 되었고, 얼마나 남아 있는지 등을 조사해 본다. 활동 후엔 자료를 모아 전시해 본다.

사람이 식물이나 동물 종의 멸종을 예방하기 위해서 무엇을 할 수 있는지 아동과 이야기 나눈다. 과연 우리가 그것에 도움이 될 수 있는가? 비록 어리지만 아동이 도울 수 있는 역할은 무엇인가? 생각을 나누고 도울 수 있는 어떤 것이라도 제안해 본다. 지역 도서관 또는 공공장소에서 아동의 아이디어를 전시할 수 있는가?

아동과 함께 투표를 하여 하나의 종을 선택하고 그 종류의 식물과 동물의 멸종을 막기 위한 캠페인을 벌이는 것도 좋다.

 가정 연계 활동

아동에게 해당 종을 보존하거나 보호하기 위한 방법을 찾기 위해 가족의 도움을 구하게 한다. 아동은 동물원에 있는 동물 중 하나를 채택하여 그 동물이 처한 위험을 포스터나 광고 전단을 통해 알릴 수 있다. 멸종 위기에 있는 생물을 구하기 위해 어른이 되었을 때에는 어떤 일을 할 수 있을지 생각해 본다.

환경적 쟁점 ─ 유아

물 ─ 공중위생과 즐거움[2]

이야기 나누기 시간에 유아에게 깨끗함과 더러움 그리고 물의 사용에 대해 생각해 보게 한다. 우리가 청결을 유지하기 위해 필요한 위생적인 생활 습관은 무엇인지 질문해 보고, 그것을 위해 물은 어떻게 사용되는지 이야기 나눈다. 유아에게 다음 문장을 완성해 보도록 한다.

> 청결을 위해 물을 사용하는 때
>
> 손을 씻을 때   목욕할 때
> 샤워할 때   빨래할 때
> 청소를 할 때   세차할 때

'우리는 깨끗해지기 위해 물을 ～할 때 사용해요.'

유아에게 몸을 청결하게 유지하기 위한 방법을 그림이나 글로 표현해 보게 한다. 우리가 매일 화장실에서 용변을 볼 때 물은 어떻게 사용되는지 이야기 나눈다. 과거에는 화장실이 없었기 때문에 사람들은 땅에 구덩이를 파고 그곳에 용변을 본 후 흙으로 덮었다. 혹시 캠핑을 갔을 때 이런 경험을 한 적이 있는지 질문한다. 그리고 화학약품을 사용하는 특수한 캠핑용 '화장실'을 이용한 적이 있는지 질문한다.

2) 웹사이트 http://www.southernwater.co.uk를 참고하기 바란다.

유아가 놀이하면서 물을 사용해 본 경험이 있는지 이야기 나눈다. 유아에게 다음 문장을 완성해 보도록 한다.

'우리는 ~을 할 때 물을 가지고 재미있게 놀아요.'

유아와 함께 물놀이에 대한 생각과 아이디어를 모아 목록을 만들고, 각각에 대한 경험을 나눈다. 그리고 유아가 물을 가지고 재미있게 놀았던 경험을 그림과 글로 표현해 보게 한다. 이야기 나누기 시간에 자신의 그림을 소개한다.

유아에게 재미있게 물놀이를 할 때 혹시 물을 너무 낭비하지는 않았는지 생각해 보게 한다. 우리는 평소 물을 절약하고 있는가, 아니면 낭비하고 있는가? 물놀이를 하기 위해 수영장과 같이 물이 많이 사용되는 곳을 알아본다. 낚시나 보트 타기와 같이 바닷가에서 물을 낭비하지 않고 할 수 있는 놀이에는 어떤 것이 있는지 알아본다. 수도에서 깨끗한 물이 나오지 않아 아주 멀리 떨어진 곳에서부터 물을 길어 날라야 하며, 물놀이는 생각조차 할 수 없는 개발도상국의 유아에 대해 생각해 본다. 내가 만약 그 나라에 산다면 물에 대해 어떻게 생각하게 될까?

환경적 쟁점 ― 아동

물 – 공중위생과 즐거움

아동과 예전의 물놀이 경험에 대해 회상해 보고 공중위생이나 즐거운 놀이를
위해 평소 물을 어떻게 사용하는지 이야기 나
눈다. 아동과 '위생'과 '공중위생'의 의미를 비
교해 본다. 이 둘은 거의 비슷한 의미를 갖는다.
　요즈음 대부분의 가정에는 욕실이나 화장실
이 있다. 하지만 예전에는 그렇지 않았다. 예전
에는 바가지를 이용하여 물을 끼얹으며 몸을
씻거나 통 속에 들어가 목욕을 했다. 화장실은
집 밖 정원 또는 마당 건너편에 있었고 때로는
여러 가족이 공동으로 사용했다.

> '위생'이란 물건을 깨끗하게 유지하는 것을 의미해요.
>
> '공중위생'은 깨끗하게 살균되고 소독되어 세균이 없는 것을 의미해요.

　개발도상국의 사람들은 깨끗한 물을 쉽게 이용할 수 없고 몸을 씻을 수 있는
욕실이 없는 집에서 사는 사람도 있다는 것을 알려 준다. 아동과 잠깐 눈을 감고
우리 집에 씻을 수 있는 위생시설이나 깨끗한 물이 없다면 어떤 기분이 들지 생
각해 보고 이야기 나누어 본다. 빗물이 부족하다는 것은 마실 물과 요리할 물이
부족하다는 것이며, 도시에서 멀리 떨어진 외딴 시골에 산다는 것은 도시기반
시설이 갖추어지지 않는다는 것을 의미한다는 점을 상기시킬 수 있다. 더 좋은 위
생시설을 설치하여야 하지만 비용이 없어서 환경은 더욱 나빠질 수 있다는 사
실과 위생이 나쁜 곳에서 겪을 수 있는 어려움에는 어떤 것이 있을지 이야기 나
눈다.

　놀이나 레저의 즐거움을 위해 사용되는 물에 대해 이야기 나눈다. 모둠으로 나

누어 선진국에서는 놀이와 레저에 물이 어떻게 사용되는지 조사해 보고 사람들의 어떤 행동이 물을 낭비하게 하는지 생각해 보게 한다. 깨끗한 물은 없고 오염된 강물만 있는 개발도상국에서 할 수 있는 물놀이에는 무엇이 있는지에 대해 이야기 나눈다. 어떤 지역에 사는 사람들에게는 왜 공중위생이나 놀이로 즐길 만한 충분한 물이 없는지 이야기 나누어 본다. 이에 대한 아동의 생각은 어떤지 글로 써 보게 하고 과연 그러한 것이 공정한 것인지 질문해 본다. 그리고 이러한 상황을 어떻게 변화시킬 수 있을지에 대해 생각을 나누어 본다.

 가정 연계 활동

가족의 도움을 받아 가정에서의 물 사용표를 완성해 보도록 한다. 미래에는 기후 변화 때문에 비가 지금보다 더 적게 올 수 있다. 각 가정에서는 어떻게 하면 물을 절약할 수 있을지 이야기 나누어 본다.

환경적 쟁점 ─ 유아

재사용, 재활용, 기부

이야기 나누기 시간에 여러 가지 장난감이 담긴 바구니를 유아에게 돌려 가면서 그중에 마음에 드는 장난감을 하나씩 선택하게 한다. 원하는 장난감이 없을 때는 선택하지 않고 통과하여도 된다. 유아에게 왜 그 장난감을 선택하였는지 묻는다.

유아와 가정에서 더 이상 사용하지 않는 물건에는 어떤 것이 있는지 이야기 나누어 본다. 식구들은 그것으로 무엇을 하는가?

유아가 이야기한 것을 기록하고 그에 대해 서로 이야기 나눈 후 다음 내용에 대해 알아본다.

- 유아에게 만약 집에서 입지 않는 스웨터가 있다면 그것으로 무엇을 할 수 있는지 물어본다. 스웨터를 모았다가 실을 풀면 뜨개질할 수 있는 새로운 실을 얻게 되어 새 옷이나 카펫을 만들 수 있다는 사실을 알고 있는가?
- 오래된 음료수 캔으로 무엇을 할 수 있는지 질문한다. 음료수 캔을 재활용할 수 있다는 사실을 유아가 알고 있는가? 유치원이나 어린이집에서 이런 것을 모으고 있는가?

- 아름다운 가게에 대해 생각해 본다. 그곳에서 사람들이 사용하지 않는 물건을 팔고 그 돈으로 개발도상국을 돕기 위해 사용되는 것을 유아가 알고 있는가?
- 음식물 쓰레기를 생각해 본다. 음식물 쓰레기를 퇴비로 만들어 쓰면 식물을 싱싱하게 자라게 하는 좋은 토양으로 바꿀 수 있다는 것을 유아가 알고 있는가?
- 자투리 천도 모아서 이으면 퀼트 제품과 조각 이불을 만들 수 있다는 것을 설명한다.

유아가 가정이나 학교에서 재활용 또는 재사용하고 있는 물건이 있다면 그림으로 그려 보도록 한다. 그들이 그린 것을 글로 써 보도록 도와준다.

유아가 그린 그림을 모아 조각 이불처럼 연이어 커다란 공동작품을 만든다. 공동작품 주위에 이야기 나누기 시간에 활용했던 질문을 적어 두어 다른 사람도 재활용에 대하여 생각할 수 있도록 한다.

환경적 쟁점 — 아동

재사용, 재활용, 기부

앞의 유아 활동 중 적절한 활동을 주제에 관한 도입 활동으로 활용한다. 교사는 먼저 주제에 관련한 웹사이트(http://www. recyclenow.com)를 찾아서 방문해 본다.

오래된 셔츠로 먼지털이나 세차 때 활용하는 털이개를 만드는 것, 오래된 옷에 달린 예쁜 단추를 재활용하는 것, 오래된 커튼 천으로 쿠션을 만드는 것과 같이 현재 사용하지 않는 물건을 재활용하는 것에 대해 이야기 나눈다. 아동이 가정에서 물건을 재사용하는 경우가 있는지 생각해 보게 한다.

대부분의 아동이 우리 주변에서 흔히 볼 수 있는 과일 상자처럼 재활용되는 물건이나 가구에 대해 말할 수 있는가? 아동이 말하는 모든 것을 목록으로 만든다. 낡은 철도의 침목은 정원에서 재활용된다는 것이나 낡은 항아리가 빗물 통으로 재사용된다는 것을 알고 있는가?

- 아동이 지난 1~2주 동안 재사용하거나 재활용한 것이 있다면 무엇인지 생각해 보게 하고, 그에 대한 구체적인 이야기를 들어 본다.
- 쓰레기 폐기물 처리장에 가 본 경험이 있는지 질문한다. 만약 가 본 적이 있다면 거기서 본 것은 무엇이며, 사람들이 거기서 얻은 것을 어떻게 활용하는지 이야기 나눈다.
- 아동에게 재사용, 재활용, 또는 기부를 장려하는 포스터를 디자인하고 만들어 보도록 한다. 그리고 포스터를 집에 가져가 가족과도 의견을 나누어 보게 한다.

• 주변의 모든 것이 재사용 또는 재활용한 물건밖에 없는 개발도상국의 사람에 대해 생각해 보게 한다. 물건을 낭비하는 선진국 사람의 생활에 대해 아동은 어떤 생각을 갖는가?

 가정 연계 활동

아동에게 자투리 천이나 세공 철사, 나무 또는 폐품으로 만든 생활용품이나 장난감과 같이 재활용품으로 무엇을 만들 수 있는지 알아보게 한다. 가정에서 만든 것이 있다면 그것을 학교로 가져오게 한다. 그리고 특정 개발도상국에서 사람들은 어떻게 물건을 재활용하는지 알아보도록 한다.

환경적 쟁점 ― 유아

쓰레기와 폐품

유아가 아침에 등원하면서 주변에 어떤 쓰레기를 보았는지 질문한다. 혹 쓰레기를 보았다면 그것이 무엇이었고 어디에 있었는지 함께 이야기 나눈다.

플라스틱이 땅속에 묻히고 썩어서 식물의 거름흙이 될 때까지 걸리는 시간은 얼마나 될지 생각해 본다. 플라스틱 용기를 버렸을 때 누군가 제대로 처리하지 않는다면 그것은 그곳에 계속 남아 있을 것이다. 만약 다른 사람이 버린 쓰레기를 본다면 줍고

길 위에 비닐봉지가 버려져 있는 것을 보았어요.

싶은지 질문한다. 만약 쓰레기를 처리하고자 한다면 위생장갑을 사용하고 쓰레기 안에 위험한 것은 없는지 주의해야 한다. 쓰레기를 주워서 버린 후 왜 손을 씻어야 하는지 이야기해 본다. 이 장 끝에 있는 '주변에서 주웠어요' 활동지로 활동해 보고, 활동이 끝나면 그에 대해 이야기를 나누어 본다.

우리 주변에 쓰레기를 마구 버리는 사람이 있다면 그 사람에 대해 어떻게 생각할 것인가? 그런 사람들이 해야 하는 바른 행동은 무엇이라고 생각하는가? 사람들이 쓰레기를 버리는 모습을 그림으로 그려 보고 그것을 버리는 대신 무엇을 해야 하는지 글과 그림으로 표현해 본다.

길거리에 버려진 비닐봉지, 깨진 유리, 그 밖의 쓰레기가 우리 주변에 살고 있는 생물에게 어떤 영향을 끼치는지 설명한다. 동물이 비닐봉지를 먹거나 깨진 유리를 밟는다면 어떻게 될지 생각해 본다.

생활 쓰레기 중 비닐봉지에 대해 이야기를 나누어 보자(영국에서 매주 1억 5000만 개의 비닐봉지를 사용하고 있다는 것을 아는가? 이 숫자를 종이에 써 보도록 한다). 500년이라는 숫자를 쓰고 이 숫자가 비닐봉지가 썩는 데 걸리는 기간임을 알려 준다. 슈퍼마켓 비닐봉지를 재사용할 수 있도록 다시 가져갈 수 있다는 것에 대해서도 이야기 나눈다. 사람들이 이렇게 하는 데에는 어떤 뜻이 있는가?

주변에 있는 폐품을 모으는 과정에 대해 이야기를 나누어 본다. 누가 매주 또는 격주 간격으로 재활용품을 모으는가? 병과 유리는 어떻게 재활용되는가? 지방자치단체에서는 어떤 종류의 재활용품을 모으는가? 우리나라에서는 재활용 또는 재사용할 수 없는 물품을 어떻게 처리하는지 생각해 본다. 재활용할 수 없는 쓰레기를 수거해 땅속에 묻는다는 사실을 아는가? 이에 대해 어떻게 생각하는가?

환경적 쟁점 — 아동

쓰레기와 폐품

주제와 연관되어 앞서 제시된 유아용 활동을 살펴본 후 아동과 '쓰레기'에 대해 정의해 본다. 그리고 우리 주변에 어떤 쓰레기가 재활용되는지 이야기 나누어 본다.

길거리에 버려진 쓰레기가 환경을 어떻게 망치고 우리 주변에 사는 동물을 해칠 수 있는지 이야기 나눈다.

모두 함께 쓰레기를 주우러 밖으로 나가 본다. 위생장갑을 끼고 자루를 가지고 학교 근처를 다니며 쓰레기를 주워 모아 본다. 그리고 교실에 돌아와서 건축물 자재, 유리, 상자, 금속, 종이, 플라스틱, 폴리스티렌, 비닐, 그릇, 고무, 나무 등과 같이 분류하고, 각각의 분류에 따라서 물품 번호를 붙여 본다.

우리 주변에 쓰레기나 분리수거에 특별히 관심을 갖는 지역 신문이 있는지 유의해 보았는가?

각각의 쓰레기가 썩는 데 얼마나 걸리는지 알아보고 막대 그래프로 표시해 본다. 이 장 끝에 있는 '주변에서 주웠어요' 활동지를 복사하고, 짝을 지어 토론하여 완성해 보도록 한다. 만약 학교가 바닷가 가까이에 있다면 바다 쓰레기에 대해 알아보자. 다음 웹사이트를 참고할 수 있다.

• http://www.savethenorthsea.com/sa/node.asp?node=1389

음식을 포장하는 포장지에 대해 생각해 본다. 음식을 포장하기 위해 사용되는 모든 재료는 꼭 필요한 것인가? 그것으로 포장하지 않는다면 어떤 일이 생길까? 모든 것은 재활용할 수 있는가? 우리 주변에서 나오는 폐품이 모아지는 과정에 대해 이야기 나눈다. 사람들은 폐품을 재활용하기 위해 분류하는가? 분류된 그것들은 나중에 어떻게 처리되는가?

가정 연계 활동

아동에게 사람들이 더 이상 사용하지 않는 물건이나 폐품만을 수거해 재활용하는 단체가 우리 주변에 있는지 알아보게 하고 그 단체 사람들이 무엇을 하는지 조사해 보도록 한다. 얼마나 많은 종류의 폐품이 모아지고 어떻게 활용되는가? 어떤 종류의 포장 상자와 가방 또는 박스가 재사용되고, 어디서 이것을 모으고, 어떻게 재활용되는가? 재활용할 수 없는 폐품은 어떻게 폐기되는가? 이러한 폐품은 바로 사라지지 않는다. 아동에게 그로 인해 무슨 일이 생길지 예상해 보게 한다.

환경적 쟁점 — 유아

수입 식품

　이야기 나누기 시간에 '수입 식품'이란 무엇인지 질문하고 유아의 대답을 들어 본다. 무릇 식물이 논과 밭에서 경작되어 우리의 식탁에 오르기까지 소요되는 거리가 있다. 보통 재료를 먼 거리에서 수송해 오기 위해서는 연료가 많이 들어간다. 반면에 지역 내에서 생산한 식품은 그에 비해 연료가 적게 들어간다. 지나치게 많은 연료를 사용하는 것은 지구환경 보호에 좋지 않다. 왜냐하면 그것이 대기를 오염하기 때문이다. 그래서 가능하면 지역 내에서 재배한 음식을 생식하는 것이 좋다.

　유아와 지역에서 생산된 식재료로 만든 음식에 대해 이야기 나눈다. 우리 주변에는 어떤 식재료가 자라는가? 유아에게 집에서 직접 키우는 채소가 있는지 질문한다. 우리 주변에 농산물을 재배하는 농원이 있는지 알아본다. 예전에는 땅 소유자가 마을 사람에게 땅의 일부를 빌려 주고 그곳에 자신의 가족을 위한 농작물을 키우도록 했다는 것을 설명해 준다. 우리 건강을 위해 유기농 채소가 좋다는 것을 아는가? 어디서 그것을 구할 수 있는가?

　식품을 재배한 생산자가 자신이 재배한 농산물을 직접 판매하는 가게에 대해 설명한다. 우리 지역에 그런 가게가 있는가? 어떤 사람이 그곳을 이용하고 방문한 사람들은 거기서 무엇을 하는가? 유아에게

나는 토마토를 그렸어요. 이것은 네덜란드에서 왔어요.

농부가 직접 운영하는 가게에 대해 어떻게 생각하는지 또는 그런 가게의 포장 상자를 본 적이 있는지 질문한다. 농부는 보통 자신이 키운 농산물을 소비자에게 판매하고 그것을 각 가정까지 배달하기 위해 포장 상자를 만든다.

가정에서 부모가 구매한 농수산물 상자나 포장지를 몇 개 가져오도록 한다. 그것을 살펴보면 대개 포장지나 상자에 생산국이 적혀 있다. 이야기 나누기 시간에 이것을 '국내'와 '국외'로 나누고, 국외에서 온 수입 식품 이름과 생산국 목록을 만든다. 세계지도에서 생산국을 찾고 어느 수입 식품이 가장 먼 나라에서 왔는지 찾아본다. 유아가 수입 식품 하나를 찾아 그림을 그리고 생산국에 대해 적어 보도록 한다. 그것을 세계지도에 표시해 둔다.

교실에서 또는 실외 놀이터 주위에서 채소를 키우는 것은 좋은 경험이 된다. 농식물의 파종, 성장, 추수 과정을 관찰하여 기록한 후 시식 행사를 진행할 수 있다.

환경적 쟁점 — 아동

수입 식품

우리 주변에 수입 식품 중 어떤 수입 식품이 가장 먼 나라에서 왔는지 알아본다. 수입되는 농산물을 먼거리에서 가져오기 위해 사용하는 연료가 지구환경에 어떤 영향을 미치는지 설명한다. 대개 농산물의 생산국이 라벨에 기록되어 있지만 그것만으로 수입품이 얼마나 먼 거리에서 어떤 교통수단을 통해 우리나라까지 왔는지 밝히는 것은 불가능하다. 하지만 수입 식품의 이동 수단과 거리를 생각해 보는 것은 매우 중요하다. 먼 거리에 있는 식품을 배로 수송하는 것이 짧은 거리를 자동차로 운반하는 것보다 환경적 영향이 적다. 우유나 토마토는 냉장 포장을 위해 생산지를 떠나 먼 지역으로 이동한 다음 다시 첫 생산지 근처로 되돌아와 판매되기도 한다.

아동이 짝을 지어 자신이 즐겨 먹는 음식 중 우리나라에서 생산되지 않기 때문에 수입되는 식품에는 무엇이 있는지 목록을 적어 보도록 한다. 그리고 국내에서 생산되는 모든 식품의 목록도 만들어 본다. 아동이 먹는 여러 음식 재료 중 가장 많이 수입되는 식품에는 어떤 것이 있는가? 목록을 살펴보고 수입되는 식품을 제한해야 하는지에 대해 토론해 본다. 예를 들어, 가을과 여름에 수입된 사과를 먹어야 하는가, 아니면 봄과 겨울에 우리 지역에서 생산된 사과만을 먹어야 하는가? 신선한 제철 과일과 채소는 맛있을 뿐 아니라 영양분이 더 많다.

아동에게 '유기농'의 의미를 설명해 준다.

또한 아동을 모둠으로 나누어 지역에서 생산된 농산물 소비를 촉진하기 위한 표어와 포스터를 만들어 보도록 한다.

 가정 연계 활동

　아동을 모둠별로 나누어 각 가정의 아침과 점심 혹은 저녁 식단을 조사하게 한다. 모든 아동은 하루 동안 자신이 먹는 음식의 내용물을 조사하기 위해 부모의 도움을 받을 수 있다.

　아동들은 자신이 조사한 자료를 가지고 함께 모여 자신이 먹은 음식이 생산지에서 식탁에 올라오기까지 얼마나 먼 거리를 이동하는지 알아보게 한다. 그들이 조사한 식품의 상세한 내용을 그림으로 그리고 글로 써 보도록 한다. 토론을 위해 큰 전지에 각 음식에 대한 정보를 기록해 보도록 한다. 각 음식은 어디에서 생산되는가? 어떤 음식이 아동과 가장 가까운 거리에서 생산되었는가? 전체적으로 모든 식품의 이동 거리의 합은 얼마나 되는가?

　아동에게 다음의 이야기를 읽어 주고 관련 활동을 함께 해 본다.

시드히나의 새로운 장난감

시드히나는 남아메리카의 브라질에 산다. 브라질에서 가장 큰 도시는 아름다운 바닷가와 매년 열리는 축제로 유명한 리우데자네이루(브라질의 옛 수도)다.

시드히나가 살고 있는 지역의 생활은 다른 지역과 전혀 다르다. 아마존 우림 지역인 이곳은 해마다 많은 나무가 잘리고 있어 우림 지역이 점차 사라지고 있다. 근처에는 호수가 있다. 마을은 여름철에 덥고 먼지가 많이 날리며 매우 건조하지만 항상 그렇지는 않다. 일 년의 반이 건조하고 먼지가 많지만 다른 기간에는 비가 내린다. 대부분의 집은 흙으로 지어졌고 먼지 나는 길가에 줄지어 있다. 시드히나 가족에게는 텔레비전이 있지만 전기 공급이 약하여 거의 매일 정전이 되어 제대로 보기 어렵다.

마을 아이들은 부모를 돕기 위해 항상 바쁘다. 아이들 주변에는 장난감이 많지 않다. 그래서 축구를 하거나 엘라스티코라고 불리는 달리기 놀이를 하거나 때로는 물가에 수영하러 간다.

시드히나는 아팠는데 지금은 많이 나았다. 친구들은 그녀에게 선물로 장난감을 만들어 주려고 한다. 그래서 친구들은 마을 주위를 여러 번 돌아보고, 근처에 있는 폐품더미를 자주 뒤져 본다. 마침 한 집이 도시로 이사가면서 내버린 망가지고 오래된 자전거를 발견했다. 자전거는 거의 구부러지고 틀어져서 전혀 쓸모가 없었다. 자전거 앞바퀴의 타이어는 찢어지고 터져 있지만 다행히 원형을 유지하고 있었다.

시드히나의 친구 중 한 명이 바퀴를 보고 말했다. "내가 무슨 생각을 하는지 아니?" 그의 동생은 머리를 끄덕이며 말했다. "응, 굴렁쇠." 그들은 아버지에게 달려가서 자전거 바퀴를 빼내어 굴렁쇠를 만들어 달라고 말했다. 물론 아버지는 그렇게 해 줄 것이다. 그래서 그는 곧바로 바퀴를 빼내고 소년들은 바퀴를 가지고 달려갔다. 그들은 오래된 망가진 타이어와 바퀴 금속 부위에서 발견한 테이프를 떼어 내고 날카로운 바퀴살 끝 부분을 덮기 위해 천 조각을 사용했다. 그러고는 구부러진 바퀴살을 펴고 멋있게 보이도록 만들었다. 비록 녹이 슬었지만 부드러워질 때까지 모래로 테두리에 남아 있는 녹을 벗겨 냈다. 그 후 마을 어른들에게 페인트를 조금 얻을 수 있을지 물으러 갔다. 어른들이 작은 양철 페인트 통에 붉은색 페인트를 조금 주어서 아이들은 그것으로 테두

리를 칠했다. 수리가 모두 끝나고 나서 중심 근처 바퀴살에 천 조각을 묶어 장식을 했다. 진짜 좋은 굴렁쇠가 만들어졌다. 소년들은 그것으로 시험을 해 보았다. 생각보다 아주 잘 달렸다.

소년들이 시드히나에게 굴렁쇠를 주자 시드히나는 매우 좋아했다. 시드히나가 웃고 그것을 굴려 보기 위해 바깥으로 나갔다. 그러곤 모두가 굴렁쇠를 굴리며 놀았다. "너희들 솜씨 정말 최고야." 시드히나가 말했다. "우리 이거 가지고 매일 같이 놀자."

⚙️ 활동

시드히나가 굴렁쇠를 받았을 때 어떤 느낌이었을지 이야기해 본다. 각 아동이 다음에 대해 어떤 기분일지 질문한다.

- 친구들이 굴렁쇠를 만들었을 때
- 친구들이 시드히나에게 굴렁쇠를 주었을 때
- 시드히나가 친구들과 굴렁쇠를 함께 가지고 놀 때

아동에게 재활용품으로 장난감을 만드는 것에 대해 생각해 보게 한다. 어떤 종류의 장난감을 만들 수 있을까? 다음 문장을 완성해 보도록 한다.

'내가 재활용품으로 만든 새로운 장난감은 ~이다.'

아동은 시드히나처럼 기뻐했는가?

아동에게 시드히나와 친구가 굴렁쇠로 놀고 있는 그림을 그리고 그것에 대한 생각을 문장으로 적어 보도록 한다.

따뜻한 옷이 필요한 아동이 있다면 그들은 어떻게 그것을 얻을 수 있을지, 그리고 따뜻한 옷이 없는 친구가 있다면 그들은 어떤 기분일지 질문한다.

필요한 것과 원하는 것의 차이에 대해 토의해 보도록 한다. 아동에게 지금 필요한 것이 있는지, 그렇다면 무엇 때문에 그것이 필요한지 질문한다. 우리 교실에서, 우리 가정에서, 우리나라에서 실제로 우리에게 꼭 필요한 것은 무엇이며 꼭 원하는 것은 무엇인가?

다음 문장을 완성해 보도록 한다.

'나는 ~ 때문에 ……이 꼭 필요해요.'

또는

'나는 ~ 때문에 ……을 원해요.'

환경적 쟁점 — 되돌아보기

이야기 나누기 시간에 이번 장에서 다루었던 모든 환경적 쟁점에 대해 다시 생각해 보게 하고 아동이 작업한 활동결과물을 점검해 본다. 아동은 자신의 포트폴리오 파일을 살펴보고 모둠별로 공동 작업한 것을 목록표에 표시한다. 각 활동에서 가장 기억에 남는 것은 무엇인가? 활동주제로 다루지 않았지만 환경의 다른 분야를 아동이 생각할 수 있는가? 그렇다면 이제 다른 쟁점(예를 들면, 쓰레기 불법 투기, 핵 폐기물 처리, 다른 나라로 보내는 쓰레기나 다른 나라에서 들어오는 쓰레기)에 대해 이야기를 나누어 본다. 오래된 냉장고는 가스 제거가 필요하고 오래된 휴대전화는 재활용하거나 개발도상국으로 보내도 된다는 것을 아동은 알고 있는가?

우리와 다르게 문명이 덜 발달된 나라에 사는 아동에 대해 아는지 물어본다. 우리 반에 누군가가 그런 곳에 방문한 적이 있는가? 그렇다면 그곳은 어떤지 소개하는 시간을 갖는다. 다른 나라 사람에게는 매우 귀중한 많은 것을 우리는 아무 생각 없이 마구 버린다는 것을 아동에게 상기시킨다.

목욕통에 물을 받아 목욕하거나 간단한 샤워를 하면서 수도꼭지를 잠가야 물 낭비를 막을 수 있다는 것을 기억하게 한다.

이 장 서두에 제시된 그림처럼 '깨끗한 환경'이라는 제목으로 모두 같이 그림을 그려 보고 그에 대한 의견을 적어 본다.

 참여하기

아동에게 우리 주변을 깨끗한 환경으로 만드는 데 도움이 되는 방법에 대해 생각해 보게 한다. 그들 자신은 일상생활 속에서 환경보호를 위해 어떤 일을 할 수 있는가? 아동에게 자신의 다짐을 노트에 적고 서명하여 자신의 책임을 잊지 않게 한다.

 세계시민의 과제

　아동이 다른 나라의 환경을 깨끗하게 유지하도록 돕는 방법을 생각할 수 있는
가? 우리 정부는 그런 일을 하고 있는가? 전 세계 환경을 깨끗하고 안전하게 유지
하도록 돕기 위해 아동은 무엇을 할 수 있는가? 가장 가까운 우리 교실에서 아동
은 어떤 일을 할 수 있는가?

Global Citizenship for
Young Children

 물을 아껴서 써요

각 질문을 읽고 알맞은 곳에 표시를(∨) 하세요.

	항상 그렇다	때때로 그렇다	아니다
우리 집에서는 세탁기에 세탁물을 항상 꽉 채워서 사용하는가?			
우리 집에서는 세탁기가 꽉 차지 않았을 때 사용하는가?			
우리 집에서는 흐르는 물에 채소를 씻는가?			
우리 집에서는 채소를 큰 그릇에 담아서 씻는가?			
나는 수도꼭지가 고장 나 물이 세고 있다면 가족에게 말해서 고치는가?			
나는 매일 욕조에서 목욕하는가?			
우리 집은 욕조물을 다른 용도로 사용하는가?			
나는 매일 샤워하는가?			
나는 이를 닦을 때 물을 마냥 틀어 놓고 닦는가?			
우리 집에서는 화장실 물을 소변과 대변으로 구별하여 사용하는가?		˙	
우리 집에서는 화장실 물 사용을 줄이기 위해 절수 장치를 설치했는가?			
우리 집에서는 식물에 물을 주기 위해 호스를 사용하는가?			
우리 집에서는 식물에 물을 주기 위해 물뿌리개를 사용하는가?			

나와 친구의 답변을 비교해 본다. 물 사용에 있어 어느 항목이 가장 잘 지켜지고 있는가?

설문조사 후 물을 절약할 수 있는 곳은 어디인지 알아본다.

주변에서 주웠어요

다음의 쓰레기는 우리 주변에서 주운 것이다. 이 쓰레기 중 어떤 것은 빨리 부서지거나 분해되지만 어떤 것은 분해되는 데 오랜 시간이 걸린다. 또 어떤 쓰레기는 처리하는 과정이 안전하지 않고 위험해서 어른도 주의해야 한다. 만약 다음의 쓰레기를 주웠다면 어떻게 할지 자신의 생각과 일치하는 곳에 표시한다.

특성 \ 종류	쉽게 썩는다	썩는 데 오랜 시간이 걸린다	위험한 물건이니까 어른에게 알린다	절대 만지지 않고 어른에게 알린다	스스로 분리수거를 한다
빳빳한 포장 용기					
종이 봉투					
음료수 캔					
주사기					
비닐봉지					
쇠고기 버거 반쪽					
피 묻은 붕대					
낚싯줄과 바늘					
오래된 티셔츠					
비닐 용기					
깨진 벽돌					
깨진 유리					
사탕 껍질					
강아지 똥					
낡은 신발					
신문					

추가로 각각의 쓰레기를 버리기 전에 어떻게 처리해야 할지 기록해 본다.

공정성 — 유아

성차별

공정함과 공평해지는 것에 대해 이야기를 나눈다. 유아에게 여자와 남자가 서로 동등하다는 것은 공정한 것인지 생각해 보게 한다. 유아가 좋아하는 놀이는 무엇인지 이야기 나누고 남자와 여자가 모두 똑같은 놀이를 하고 똑같은 장난감을 가지고 노는 것이 좋은지 나쁜지 이야기해 보도록 한다.

> 남자와 여자가 똑같은 놀잇감을 좋아할까요?
>
> • 우리 반 15명은 그렇다고 생각해요.
> • 우리 반 12명은 그렇게 생각하지 않아요.

학급의 유아에게 남자와 여자가 함께 어울려 노는 것을 좋아하는지 물어보고 의견을 집계해 본다. 그리고 의견이 다른 유아의 생각은 어떤지 들어 본다.

대부분의 여자는 예전에 집에서 집안일을 맡고 남자는 밖으로 일하러 나갔다는 것을 설명해 준다. 이것이 공정하다고 생각하는지, 유아는 어떻게 생각하는지 질문해 본다.

'여자아이는 분홍색, 남자아이는 파란색'이라고 말하는 옛말에 대해 이야기를 나눈다. 어떤 여자아이가 파란색 옷을 입고 어떤 남자아이가

여기 울고 있는 여자가 있어요.
그녀는 대단히 슬퍼요.
하지만 남자도 때때로 운답니다.

분홍색을 입는가? 선호하는 색깔은 옛말에만 나타나는 성에 대한 고정관념인가?

유아에게 우는 어른을 그려 보도록 한다. 그 사람은 남자인가 여자인가, 왜 우는가를 말해 보도록 하고 유아가 그린 그림에 남자와 여자 중 누가 더 많은지 알아본다. 여자 유아는 우는 여자를, 남자 유아는 우는 남자를 그리는가? 아니면 모두 여자가 우는 것을 더 많이 그리는가? 모두 함께 그림 결과에 대해 이야기 나누고 남자가 울어도 괜찮은지 질문한다.

우리가 입는 옷에 대해 이야기 나눈다. 여자가 바지를 입을 수 있는 것처럼 남자도 치마를 입을 수 있다는 것을 아는가? 그런 것이 올바른 것인지에 대해 이야기 나누고 스코틀랜드 남자가 퀼트라는 치마를 입는 이유에 대해 알아본다. 이와 유사하게 남자가 하는 여성다운 다른 행동 특성에 대해 이야기해 보고 여자에게도 이런 남성적인 행동 특성이 있는지 살펴본다.

공정성 — 아동

성차별

직장에 다니는 남자와 여자의 공통점 및 차이점에 대해 이야기 나눈다. 여러 직업 중 남자에게 더 적합한 일이 있는가? 어떤 직업이 주로 남자가 해야 하는 일이며, 어떤 직업이 주로 여자가 해야 하는 일인가? 그 이유는 무엇인가? 이것은 항상 적합한가?

남자와 여자 사이의 공정성에 대해 이야기 나눈다. 아동은 여러 가지 상황에서 남자와 여자가 다르게 행동하기를 기대하는가? 남자와 여자가 지켜야 할 약속과 평소 행동 사이에는 차이가 있는가? 이것은 공정한가?

아동과 함께 다음의 문장에 대해 생각하고 토론해 보자.

• 남자는 여자보다 강하고 여자는 남자보다 약하다.

- 여자는 남자와 동일하다.
- 남자는 여자와 다르게 대우받는다.
- 사람들은 여자보다 남자에게 기대를 더 많이 하거나 아니면 그 반대다.
- 여자는 남자의 보호를 받을 필요가 있거나 아니면 그 반대다.
- 어른은 남자아이와 여자아이를 다르게 대한다.
- 여자는 남자친구보다는 여자친구와 더 가깝다.

아동에게 위 문장 중 하나를 선택하게 하고 그들의 생각 여부와 그 이유에 대해 기록해 보도록 한다. 이 장 끝에 있는 '여러 가지 직업' 활동지를 사용한다. 아동의 성별에 따른 직업 선택과 그들의 성별이 서로 연관된다는 것에 대해 이야기 나누어 본다.

아동에게 가정에서 남자와 여자가 하는 일에 대해 생각해 보도록 한다. 남자가 집에서 하는 특별한 역할이 있다고 생각하는가? 남자와 여자가 집에서 하는 역할과 책임이 같은가, 다른가? 주로 누구에게 의사결정권이 있는가? 이것이 어떻게 결정되는가? 이것이 항상 공정한가?

 ### 가정 연계 활동

세계 여러 나라의 남자와 여자가 하는 역할을 알아보도록 한다. 예를 들면, 누가 물을 기르고, 누가 나무를 자르고, 누가 돈을 벌고, 누가 요리를 하는가? 여자아이가 하지 않는 것을 남자아이가 하는 것은 무엇인가?

세계 여러 나라의 아동은 언제부터 학교에 다니기 시작하고 몇 년이나 다닐 수 있는지, 누구나 배우고 싶다면 교육을 받을 수 있는지, 그런 상황은 아동에게 공정한 것인지에 대해 질문한다.

공정성 ― 유아

수용

　이야기 나누기 시간에 수용이란 단어의 의미에 대해 유아와 이야기 나눈다. 유아와 함께 교실에서 이루어지는 그룹 게임이나 모든 활동에 함께 참여하는 것의 중요성에 대해 이야기 나눈다. 특정 사람을 제외하고 일부러 들어오지 못하게 하거나 참여하지 못하게 하는 것은 일종의 약자를 괴롭히는 것이다.

　유아가 하고 싶은 활동에 참여하지 못할 때나 친구가 자신을 따돌리는 일이 일어난다면 어떤 기분일지 이야기하도록 한다.

나는 나들이를 갈 수 없어요.
왜냐하면 우리 엄마는 내가 물가로
놀러 가기에는 너무 어리다고 생각
하시기 때문이에요.

　하지만 사람들은 간혹 어떤 일에 참여하지 못할 때도 있다고 설명하고 유아가 아주 특별한 사정 때문에 모두가 함께 하는 어떤 일을 참여하지 못한 적이 있었는지 물어본다. 이것이 언제였는지 이야기할 수 있는가? 유아에게 어떤 사람이 아주 특별한 이유로 하고 싶은 일에 참여하지 못할 때를 상상해서 그림을 그려 보게 한다. 친구들이 그린 그림을 감상하고 그림에 대해 설명해 보도록 한다.

　유아에게 모든 사람이 똑같은 생각과 똑같은 행동을 하지 않더라도 모두 동등하다는 것을 상기시킨다. 그래서 모든 사람이 어떤 일을 할 수 있는 동등한 기회를 갖는 것이야말로 공정성을 위해 매우 중요하다는 것을 설명하고, 교실에 있는 모든 유아가 평등하다는 것에 대해 이야기 나눈다. 그리고 다음 이야기를 들려준다.

낯선 가족이 아빠 직장을 따라 우리나라로 이주해 왔다. 그들은 우리와 언어생활이나 식습관이 달랐다. 그들은 채식주의자이기 때문에 우리와 종류가 다른 음식을 먹었다. 그들은 새로운 이웃과 친해지려고 노력했지만 이웃은 다정하게 대해 주지 않았다. 그 집 아빠는 말투가 특이해 직장에서 종종 동료들의 비웃음을 샀다. 가게에서 일하는 그의 아내는 자신이 다른 사람과 외모가 다르다는 이유로 마음이 불편했다.

유아는 이 이야기에 대해 어떤 생각을 하는가? 만약 그들이 이야기 속 이웃이라면 무엇을 했을까? 이 가정의 아이가 학교에 가면 또래와 함께 하는 학습활동이나 놀이에 참여할 수 있을까? 유아에게 이 가족을 상상하여 그려 보게 하고, 그들이 자신의 이웃이라면 무엇을 어떻게 할지 질문해 본다.

공정성 — 아동

수용

차별과 수용의 의미에 대해 아동과 함께 이야기 나눈다. 수용될 때의 공정성과 차별이나 배제에 따른 불공정성에 대해 이야기를 나누고 세계시민인 우리 모두는 동등하고 공정한 대접을 받을 가치가 있다는 것을 상기시킨다. 아동 중에서 발달이 조금 늦거나 개별적으로 특별한 요구가 있는 아동에 대해 생각해 본다. 이들 중 소수의 학생은 특수학교에 다닌다. 하지만 최근 많은 특수아가 일반 학교에 입학한다. 이런 경우의 유익에 대해 토론해 본다.

사람들이 보통 처음 만난 새로운 이웃을 어떻게 맞이하는지에 대해 이야기 나눈다. 사람들은 스스로 만족감을 느끼고 다른 사람에게 환영받기 위해 어떻게 하는가? 새로운 이웃이 다른 이웃에게 환영받지 못한다면 어떤 기분일지 이야기 나누어 본다. 그리고 아동에게 다음 문장을 완성해 보도록 한다.

'그들은 ~하게 느낄 거예요.'

아동이 타인에게 환영받지 못한다면 어떤 기분일지 그 느낌을 기록하여 목록을 만든다. 그리고 다음 상황에서 사람들이 어떻게 함께 어울릴 수 있는지에 대해 토의해 본다.

- 전학 온 아동의 첫날 첫 수업시간
- 좋아하지 않는 다른 사람에게 공정해지기
- 다른 사람이 우리 모둠별 활동에 참여하도록 돕기

• 지금은 즉시 함께 할 수 없지만 나중에 함께 참여할 수 있다는 것을 어떻게 설명할 것인가?
• 휠체어에 탄 친구를 게임에 어떻게 참여하게 할 것인가?
• 모둠별 활동에 누군가 참여를 원치 않을 때 어떻게 설득할 것인가?

'수용'과 연관된 활동을 위해 이 장 끝에 있는 '라시드를 어떻게 도울 수 있는가?' 활동지를 활용할 수 있다.

많은 것이 공정하지 않은 다른 나라에 대해 아동과 이야기 나눈다. 어떤 개발도상국에서는 음식과 옷, 물, 잠자리가 부족하다. 때로는 아동이 일을 해야 하므로 학교에 다닐 수 없다. 심지어 어린 유아조차 음식을 구하기 위해 가족을 도와 일해야 한다. 또한 아플 때 그들을 도울 병원이나 의사가 없으며 생명을 위협하는 병에 걸려도 치료할 약이 없다.

 가정 연계 활동

개발도상국을 돕기 위한 기부금에 대해 신문이나 인터넷 혹은 가족을 통해 알아보도록 한다. 그들을 돕기 위해 무엇을 구매할 것이고 누구를 위해 얼마를 어디에 후원해야 하는가?

공정성 — 유아

괴롭히기

유아에게 괴롭히기가 무엇인지 설명한다. 의로운 사마리아 사람이나 과거 핍박받은 민족에 대한 사례를 들기 위해 이스라엘의 노예 탈출과 같은 성경 이야기를 활용할 수 있다. 원치 않게 누군가로부터 괴롭힘을 당하는 일이 오늘날에도 발생한다는 것을 유아에게 말한다.

일곱 살 미하이는 루마니아에서 부모와 누나들과 함께 산다. 그의 아버지는 루마니아의 집시 음악가라서 다른 집시 가족과 여러 도시를 떠돌아다니며 살아간다. 미하이는 또래 친구를 사귈 수 있는 곳에 오래 머물며 정착하기를 원한다. 하지만 그의 가족은 미하이가 학교에 다닐 만큼 한 장소에 오래 머물 수 없다. 그래서 미하이는 책을 읽거나 글을 쓰는 것이 어렵다. 간혹 학교에 가게 되는 경우에도 미하이는 자신이 무엇을 해야 할지 모르기 때문에 다른 아이들

미하이는 그의 가족과 함께
새로운 캠프에서 행복하게 살아요.

이 그에게 불친절하게 대한다. 그들은 미하이를 보고 짓궂게 장난치며 그의 이름을 가지고 놀려 댄다.

루마니아의 다른 사람도 집시를 매우 불친절하게 대하고 괴롭힌다. 루마니아 사

람은 자신이 사는 동네에 집시가 머물면서 난장판으로 만드는 것을 원치 않는다. 정부에서도 집시가 특정 지역에서 오랫동안 캠핑하는 것을 허락하지 않기에 계속 떠돌아다녀야 한다. 미하이의 친척 중 일부는 집시에 대한 박해를 피하기 위해 독일로 갔지만 얼마 되지 않아 많은 사람이 되돌아왔다. 독일 사람도 집시가 자기 나라에 머무는 것을 좋아하지 않기 때문이다.

루마니아에 국왕이 있었지만 1947년에 나라에서 강제 추방되어 영국으로 건너갔다. 하지만 루마니아 사람 중 일부는 다시 국왕을 원한다. 왜냐하면 그때만 하여도 국왕이 그들을 공정하게 다스렸다고 생각하기 때문이다.

관련 웹사이트(http://www.pixton.org/TomsRomaniaGypsyPage.html)를 참조한다. 미하이와 그의 가족과 같이 괴롭힘을 당하는 사람들이 느끼는 감정에 대해 토론해 본다.

만약 유아가 다음의 경우를 경험한다면 어떤 느낌일지 이야기 나누어 본다.

- 머물 집이 없다면?
- 누군가 우리 가족을 욕하고 괴롭힌다면?
- 유치원이나 어린이집에 다닐 수 없다면?
- 사람들이 우리 가족을 좋아하지 않고, 우리 가족에게 나쁜 행동을 한다면?

유아에게 미하이와 그의 가족을 그려 보게 하고 그 가족의 생각과 느낌을 글로 써 보게 한다.

공정성 — 아동

괴롭히기

가정에서 또는 국내외에서 행해지는 괴롭히 기에는 어떤 것이 있는지 조사하게 한다. '괴 롭히기'라는 말의 의미에 대해 설명하고 이를 대신하여 사용할 수 있는 여러 가지 어휘 목록 표를 만든다. 괴롭히기는 어떤 사람에게 불친 절하게 대하고, 놀이에서 누군가를 제외하고, 지역사회에서 환영하지 않고 해치거나 또는 어떤 이유로 꺼리는 등의 다양한 경우를 말하 며, 심지어 사람의 생명을 해치려는 경우도 포 함한다.

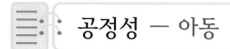

희롱하기
학대하기
약자 괴롭히기
소외하기
끈질기게 괴롭히기
억탈하기
차별하기
편견 가지기
관대하지 않기
편애하기

아동과 우리 주변에서 누군가를 괴롭히는 사례는 없는지 찾아본다. 어떤 행동 이 차별이며 약자를 괴롭히는 것인지를 토론하기 위해 신문에서 유사한 기사를 조사해 보도록 한다. 괴롭히기에 관한 신문 내용에 대해 아동이 생각하는 해결 책과 그들을 위해 어떤 역할을 할 수 있는지 토론해 보도록 한다.

과거에 아프리카 사람들이 다른 나라 노예로 어떻게 팔려 갔는지, 그리고 옛 날 우리나라 노예제도는 어떠했는지 대해 이야기 나누어 본다. 아동이 부모와 헤어져 다른 나라의 노예로 팔려 간다면 어떤 느낌일지 토론해 본다.

세계 여러 나라의 차별에 대해 생각해 보게 한다. 어떤 나라 사람이 자신의 고 향을 버리고 강제로 피난하게 되는가? 어떤 나라 사람이 자신이 선택한 신에게 예배하지 못하게 되는가? 사람들은 어떤 이유로 난민이 되는가?

현재 세계 여러 나라 상황에 대해 토론해 본다. 세계의 어느 지역에서 전쟁이 벌어지고 있는가? 주로 어떤 사람이 어디로 피난하게 되는가? 우리나라 정부는 조국을 떠나 피난 온 사람을 어떻게 돕고 있는가? 우리나라 정부는 그들을 돕고 있는가, 아니면 또다시 추방하는가? 그들이 우리나라에서 안전하게 머물러 살도록 도울 수 있는가?

가정 연계 활동

아동에게 세계 여러 나라의 박해 사례를 조사하기 위해 가족과 이야기를 나누고 신문이나 인터넷을 찾아보도록 한다. 조사한 모든 사례에 대해 토론하고, 우리 모두가 다른 사람의 권리와 신념에 대하여 아량을 베풀고 세계시민으로서 공평한 권리를 갖는다는 것을 이해하기 전까지는 아무런 해결책이 있을 수 없다는 사실을 설명한다.

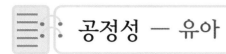

공정성 — 유아

인종차별

  세계지도를 보고 여러 나라 사람의 생활방식에 대해 생각해 본다. 지구상의 모든 나라와 민족은 서로 다른 삶의 방식을 가지고 살아간다는 것을 설명한다. 세계 여러 나라 사람의 외모는 서로 어떻게 다른지 이야기 나눈다. 사람들은 피부색, 머리카락, 눈동자 색, 신체 골격 등에서 차이를 보인다. 하지만 세계 여러 나라 사람들은 외모와 상관없이 모두 동등할 권리를 지니며 어떤 인종이나 문화도 다른 민족이나 문화보다 우월할 수 없다는 것을 상기시킨다.

  만약 교실에서 여러 인종이나 문화적 배경을 가진 유아가 함께 생활하고 있다면, 그들의 생활방식에 대해 이야기해 보도록 한다. 우리나라에 사는 동안 그들은 어떻게 자기 나라의 전통을 유지해 나가는가?

  다른 나라 사람의 삶에 대해 알아보기 위해서 동화책이 활용되기도 한다. 세계 여러 나라의 생활방식이나 전통에 대해 이해하도록

나는 파키스탄에서 온 자말과 함께 놀아요. 우리는 서로 다르지만 아주 친한 친구예요.

동화 속에 나타난 세계 여러 나라 사람에 관한 긍정적인 사례를 소개한다. 과거에는 사람들이 다른 나라로 여행을 하거나 이민을 가는 경우가 매우 드물었음을 이야기해 준다.

그리고 '한 쌍의 얼룩말조차 결코 똑같지 않다'는 서양 속담과 같이 우리 모두는 다르고 각각 특별하다는 것을 설명한다.

우리의 피부색은 부모에게서 물려받은 것이고, 우리 피부가 흑색이건 갈색이건 백색이건 간에 모든 피부는 조금씩 차이가 난다. 유아에게 자신과 다른 유아의 피부를 돋보기로 확대해 보면서 서로의 피부를 관찰하고 피부의 색이 얼마나 다양한지 관찰결과를 기록해 보게 한다.

만약 우리 교육기관이 단 하나의 문화권에 속해 있거나 단일 국가 출신으로 구성되어 있다면, 다른 지역의 기관과 연계하여 그곳에는 얼마나 다양한 문화를 가진 유아가 있는지 조사해 본다. 그리고 다른 기관과 협력하여 양쪽 기관 유아의 다른 삶을 알아본다.

공정성 — 아동

인종차별

수업 전에 앞서 제시된 연관 활동을 살펴본다. 인종차별이란 단어의 의미를 아는지 물어보고, 인종차별이란 다른 민족이나 여러 문화의 사람에 대한 차별 또는 편견임을 알려 준다.

아동과 함께 인간 종족이 어떻게 수천 년 동안 환경에 적응해 왔는지 이야기 나누어 본다. 산소가 부족한 고지대에 사는 사람은 저지대에 사는 사람보다 더 쉽게 환경에 적응하며 일할 수 있다. 그들의 몸은 적은 산소로도 신체의 기능을 훨씬 효과적으로 사용할 수 있다. 더운 나라 사람은 태양의 지나친 자극을 이겨 내도록 피부조직이 발달되어 있다. 이와 반대로 추운 곳에 사는 사람은 추위를 극복하도록 피부조직이 발달한다. 이렇듯 사람들은 환경에 적응하고 환경 속에서 생활하기에 가장 좋은 신체구조로 변화해 왔다. 또 어떤 나라 사람은 다른 나라 사람보다 더 빨리 자신이 살고 있는 환경에 대한 지식과 기술, 가치체계를 본능적으로 습득하지만 그에 대한 이유를 구체적으로 설명하기는 쉽지 않다.

아동에게 둘씩 짝지어 세계지도에 있는 나라 중 한 국가를 선택하여 도서나 인터넷을 활용하여 그 나라 사람들의 생활방식, 일, 관습, 종교, 전통, 축제 등에 관하여 알아보도록 한다. 그리고 아동이 조사과정에서 새롭게 알게 된 것을 기록해 보도록 한다. 만약 우리가 그 나라로 이사를 간다면 어떤 기분일지 각자 글을 써 보도록 한다. 그곳에서 할 수 있는 일을 찾을 수 있을까? 함께 어울릴 것 같은 나라 사람은 어떻게 찾아낼 수 있을까? 그 나라 환경에 쉽게 적응할 수 있을까?

아동으로 하여금 세계 모든 사람은 평등하며 출신국이나 민족성 때문에 누군가 차별을 받는 것은 인간의 기본권에 어긋나는 것임을 이해시킨다.

 가정 연계 활동

아동에게 인종차별 또는 차별 대우에 대한 실례로 참조할 만한 것이 있는지 신문에서 조사해 보고 스크랩하여 학교에 가져오게 한다. 실생활의 사례를 통해 모든 사람이 동등하다는 것을 토론해 보고 이를 강조한다. 만약 우리가 동의할 수 없지만 어떤 나라에 특정 사람을 차별하는 인권과 법이 있다면 그 나라 사람의 입장에서 생활방식 또는 관습을 이해하도록 노력해야 한다는 것을 설명한다.

공정성 — 유아

존중

유아와 함께 '존중' 하면 떠오르는 생각은 무엇인지 이야기 나눈다. 유아가 존중에 대해 생각나는 것을 말하게 하고 유아가 하는 말을 기록해 본다. 존중이란 누군가를 존경하여 그의 의견을 듣고, 그 사람이 말하고자 하는 바를 이해하고, 그의 감정에 대해 생각하며 정중하게 예절을 지키고, 지시에 따르는 것이라고 설명한다. 어른에게 순종하고 어른이 원하는 대로 행동하는 것에 대한 유아의 생각은 어떠한지 이야기를 들어 본다. 존중하지 않는 것이 무엇인지 유아에게 예를 들어 설명해 이해를

돕는다. 예를 들면, 말대꾸하기, 소리 지르기, 무례하거나 버릇없이 행동하기 등이다.

유아에게 가족 중에 누구를 가장 존경하는지 묻고 자신이 존경하는 사람에 대해 글과 그림으로 표현해 보게 한다. 유아는 자신의 생각을 어떻게 그림으로 표현하는가? 유아가 그린 글과 그림을 보며 함께 이야기 나눈다. 어떤 가족은 우리가 사용하는 언어와 전혀 다른 언어를 사용한다. 그럴 경우에는 어떻게 대화할 수 있을까?

유아가 가족 이외의 다른 사람과 지낼 때 유아교육기관이나 다른 지역사회 인

사를 어떻게 존중할 수 있을지 이야기 나누어 본다. 유아교육기관과 교실의 규칙을 존중하는 것에 대해서도 이야기 나눈다.

우리는 국가의 법을 존중해야 한다. 왜냐하면 그것이 모든 사람이 올바르게 행동할 수 있도록 돕기 위해 만들어졌기 때문이다.

서로를 존중하는 것이 무엇인지에 대해 이야기 나누고, 우리 모두의 의견이 다를 때 자신의 의견을 주장할 권리도 있지만 동시에 다른 사람의 의견도 존중해야 한다는 것에 대해 이야기 나눈다.

둥글게 앉아 돌아가면서 다음 문장을 완성해 본다.

'나는 ~를 좋아하지만, 다른 사람도 내가 좋아하는 것을 모두 좋아할 필요는 없어요.'

'내 친구 ○○는 ~를 좋아하고 나는 그것을 존중해요.'

다른 문화권에 사는 사람은 서로에 대한 존중을 어떻게 표현하는지 알아본다. 서로 손을 잡고 인사를 하거나 무릎을 꿇기도 한다. 신성한 건물에 들어가기 전에 신발을 벗거나 어린이의 교육에 도움을 주려고 심야에만 성인용 드라마를 방영하기도 한다. 유아가 생활하는 주변에서 유아가 존중을 표할 사람이 있는지 찾아보고 다른 유아의 생각을 함께 나누어 본다.

공정성 ― 아동

존중

　아동과 함께 교실에서 '존중'의 의미는 무엇인지 생각을 나누어 본다. '자존 감'과 다른 사람을 존중하는 것'은 같은 뜻인지 아니면 다른 의미가 있는 것인 지에 대해서도 이야기 나누어 본다. 예절과 정직, 작은 목소리로 휴대전화 사용 하기, 자리 양보하기, 문 열고 닫기, 쓰레기 버리기, '부탁합니다' 혹은 '죄송합 니다'라는 표현하기 등 생활 속에서 쓰이는 존중과 연관된 언어나 행동에 대해 기록해 본다. 권위 있는 어른이나 타인에게 존경을 표현한 아동이나 청소년에 관한 사례를 알고 있다면 발표해 보도록 한다. 존중이란 사람들이 말하는 것에 국한된 것이 아니라, 그것을 어떻게 행동으로 드러내는가와 밀접히 관련되어 있다는 것에 대해 생각해 본다. 이야기 나누기 시간에 실제로 주변 사람을 존중 할 때 어떻게 말하고 행동하여야 하는지 시범을 보인다. 예를 들면, 어떻게 친구 에게 차를 대접하고, 어떻게 나이 많은 어른에게 부탁해야 하는가?

　아동에게 종교계에서는 사람들이 서로에게 존중을 어떻게 표현하는지 생각 해 보게 한다. 기도 시간에 머리를 숙이는 것, 기도하는 장소에서는 무릎을 꿇 는 것 등이 있다. 다른 사람이 종교 지도자에게 어떻게 존중을 표현하는지 아는 것이 있다면 말해 보도록 한다. 예를 들면, 앞이마에 손을 대고 인사를 하거나 손을 모으고 인사를 하는 것 등이다.

　사람들은 입는 옷을 통해서도 존중을 표할 수 있다. 예를 들면, 사람들이 언제 모자를 쓰거나 벗는가? 군에 복무하는 사람은 상관에게 경례를 한다. 신사는 자 신의 모자를 벗고 숙녀에게 인사를 한다. 숙녀는 왼발을 빼고 무릎을 굽혀 인사 를 하기도 한다. 예전에는 나라의 왕을 만날 때면 예절을 갖추어 인사를 했다.

어떤 나라 사람은 모자를 격식에 맞게 쓰거나 혹은 신발을 벗는다. 또 어떤 나라 사람은 특별한 색깔의 옷을 입는다. 로마 가톨릭 국가의 여왕은 흰 옷을 입은 교황이 나타나기 전에 먼저 자리에 앉아 있어야 했다.

아동과 함께 존중을 표하는 여러 방법에 대해 생각해 보고 두 명씩 짝지어 존중을 표하는 행동을 연습해 보게 한다. 자원하여 시범을 보이고 그들의 행동을 설명하게 하면서 사람을 존경하는 것이 어떻게 실제 행동으로 나타나는지 설명해 보도록 한다.

🏠 가정 연계 활동

다른 나라의 인종과 문화에서 사람들에게 존중심을 표현하는 방법에는 어떠한 것이 있는지 알아보도록 한다. 각 아동에게 여러 방법으로 존중을 나타내는 것을 표현하고 미니북 또는 4쪽짜리 소책자를 만들어 보도록 한다.

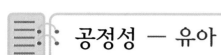

공정성 — 유아

규칙

유아에게 이미 다루었던 규칙 존중의 중요성을 상기시킨다.

이야기 나누기 시간에 유아에게 유치원이나 어린이집에서 지켜야 할 규칙에는 무엇이 있는지 질문해 보고 그중 몇 가지에 대해 이야기 나눈다. 교실, 운동장, 도서실 등 장소에 따라 지켜야 하는 규칙이 있는가? 이들 규칙에 대해 이야기 나누고, 왜 필요하며 누가 만들었는지 설명해 보도록 한다.

유아에게 우리 교실에서 꼭 지켜야 하는 규칙(모두를 안전하고 행복하게 만드는 규칙) 하나를 생각하도록 한다. 그들의 대답을 기록하고 그것에서 더 나아가 우리 사회의 모든 사람이 지켜야 할 공정한 규칙 하나를 만들어 보도록 한다.

유아가 가정에서 지켜야 할 규칙이 있는지 알아보고 그 규칙이 다른 가정에서도 필요한 것인지 알아본다. 수영장이나 체육관, 축구 경기장과 같이 유치원이나 어린이

우리 교실에서 가장 중요한 규칙은 친구 마음을 아프게 하지 않기예요.

친구의 마음을 아프게 하지 않아요.

집 이외의 장소에서 지켜야 하는 규칙에 대해서도 이야기 나눈다.

더 넓게 이웃과 함께 지역사회에서 지켜야 할 약속(도로에서의 안전 규칙, 차례를 지키는 규칙, 쓰레기를 버리지 않는 규칙 등)에 대해 이야기 나눈다. 유아에게 이들 규칙에 대한 생각을 그림으로 그리고 그것을 전시하도록 한다.

나라의 규칙을 만드는 과정이 민주적이므로 국민이라면 나라의 규칙이나 법을 지킬 의무가 있음을 설명한다. 유아가 '특정 구역에서 잔디를 밟지 않는다, 마트에 개를 데리고 가지 않는다, 신호등을 지킨다' 는 등 국가 수준의 법적 사례를 제시할 수 있는가?

유아에게 이들 법 중에 하나를 생각하고 두 개의 그림을 그리게 한다. 하나는 사람들이 법을 지키는 상황이고 다른 하나는 법을 지키지 않는 상황에 대한 그림이다. 유아에게 사람들이 그 법을 어길 때 어떤 기분일지, 모든 사람이 그 법을 어기면 무슨 일이 일어날지에 대해 발표해 보도록 한다.

공정성 — 아동

규칙

규칙과 법률은 모든 사람을 공정하게 대우하기 위해 만들어진다. 우리 모두가 규칙과 법률을 지킨다면 모든 사람이 행복해질 것이다. 하지만 반대로 모든 시민이 규칙과 법률을 지키지 않는다면 사회문제가 발생하고 치안은 불안해지거나 위험해질 것이다.

모든 아동이 잘 아는 운동경기를 하나 정하여 그것의 규칙에 대해 이야기하도록 한다. 만약 축구, 테니스 시합을 하면서 규칙을 지키지 않는다면 어떤 일이 벌어질지에 대해 이야기를 나누어 본다. 아동에게 '여러 장소에서 지켜야 할 약속' 활동지를 완성해 보도록 한다.

법률을 만들고 지키기 위한 민주적인 원칙에 대해 이야기를 나누어 본다. 예전에는 마을의 어른이 규칙을 만들고 모든 마을 사람에게 그것을 지키도록 강조했음을 설명한다. 아주 오래전의 어떤 규칙은 예전 사람이 사는 방식에 맞도록 만들어졌다. 최근의 새로운 법률은 사람들의 삶이 변화함에 따라 내용도 달라졌다. 상수원에서의 낚시 금지, 컴퓨터 해킹 금지, 공공장소에서의 금연 등이 새로운 법률의 예다.

우리가 살고 있는 지역에서 아동에게 적용되는 법률이나 규칙은 무엇이며 그에 대한 생각은 어떤지 질문한다. 아동이 두 명씩 짝을 이루어 우리가 사는 지역의 모든 사람이 안전하고 행복하며 공정하게 살도록 도와줄 자신들을 위한 법률을 만들어 보도록 한다.

아동에게 아직은 모든 일이 항상 공정하게 이루어지고 있지 못한 개발도상국에 관한 이야기를 해 준다. 아동이 모둠 활동을 통해 자유를 찾아 떠난 사람들이

가상 국가에서 어떤 재난을 경험하는지에 대해 생각해 보도록 한다. 아동에게 서로 다른 종류의 원조를 공정하게 제공하기 위해 필요한 규칙 목록을 만들어 보도록 한다.

 가정 연계 활동

　지역사회에는 모든 사람이 지켜야 할 규칙이 기록되어 왔다. 주말 동안 아동이 지역 사람들과 이야기를 나누고, 전화를 하거나 인터넷을 통해 조례를 찾도록 한다. 조례 항목을 목록으로 만들고 그것을 어긴 사람이 내야 하는 벌금을 알아 보도록 한다.

공정성 — 유아

차이에 대한 이해와 존중

유아에게 '유사점과 차이점' (p. 31)에서 전개했던 활동을 상기시킨다.

모든 인간은 동등하지만 동시에 여러 가지 차이점, 특별함, 독특함이 있다는 것에 대해 생각해 보고 우리와 다른 문화를 지닌 사람들에 대해 이야기 나눈다. 유아와 함께 다양한 피부색, 눈동자 색, 머리카락 모양이 담긴 그림책을 찾아 활용할 수 있다. 교실 안에 다양한 문화가 있는지 살펴보거나 다른 나라에서 온 또래와 놀면서 문화적 차이를 느낀 적이 있었다면 그것이 무엇이었는지 알아본다. 하지만 그것이 불가능하다면 다문화 가정의 부모나 특정한 사람을 교실에 초대하여 문화의 다양성과 차이점을 느끼도록 도울 수 있다.

유아에게 '존중' 이라는 단어와 그 의미를 상기시킨다. 존중이라는 말의 의미를 이야기하게 하고 그들이 알고 있는 내용에 대하여 구체적인 사례를 들어 설명을 더해 준다. 사람을 존중한다는 것은 각각의 사람을 다르게 보고 나와 다른 생활방식과 문화를 가지고 있어도 그들에 대해 좋은 생각을 갖는다는 것을 말한다. 또한 존중한다는 것은 다른 사람을 있는 그대로 받아들이는 것이기에 그들의 감정을 수용하여 그들에게 정중하게 대하는 것이다.

우리 모두는 다르다. 특히 우리는 우리 자신의 독특한 신념과 가치체계를 학교나 더 넓은 모든 사회관계에 적용하기 때문에 다른 사람을 있는 그대로 존중하는 마음과 생각을 갖는 것이 중요하다는 것을 유아에게 설명한다. 유아에게 다음 이야기를 들려준다.

영국에서 태어난 제임스는 인도에 가서 살게 되었다. 그의 아빠가 거기서 일하고

계시기 때문이다. 그곳에는 제임스가 다닐 만한 외국인 학교가 있어서 거기서 많은 친구를 만났다. 제임스의 집 주위에는 다른 학교에 다니는 인도 아이도 있었다. 그들은 제임스가 모르는 인도에 대해 많은 것을 알고 있었다. 그들이 영어를 사용할 때는 제임스와 대화도 하면서 많은 이야기를 나눈다. 하지만 종종 자기 나라 언어로 이야기를 나눌 때는 불편함을 느낀다. 제임스는 그들이 매우 지혜롭다고 생각한다. 제임스는 인도 언어를 배우려고 노력했다. 친절한 인도의 아이들은 집에서 사물의 이름을 알려 주어 제임스를 도왔고 그는 차츰 그들과 조금씩 이야기를 나눌 수 있게 되었다. 제임스는 인도 친구의 가정과 놀이, 집에서의 행동에 대해 알아 갔다. 제임스의 부모는 제임스가 인도 아이들과 놀고 있는 것을 보았을 때 기뻐하지 않았다. 제임스의 부모는 제임스가 외국인 학교의 친구들과만 놀아야 한다고 말했다. 이것이 제임스를 슬프게 했다. 왜냐하면 제임스는 아이들 모두와 이야기하며 함께 놀 때 더 재미있고 서로가 존중받고 있다고 생각하기 때문이다.

유아에게 제임스가 올바른지 혹은 부모가 올바른지 자신의 생각을 말해 보도록 한다. 유아에게 제임스가 다른 나라 아이들과 서로 어울려 놀며 공부하는 모습을 그려 보게 하고 그 그림에 자신의 생각을 기록해 보게 한다.

공정성 — 아동

차이에 대한 이해와 존중

아동에게 '유사점과 차이점' (p. 31)에서 전개했던 활동을 상기시킨다.

이야기 나누기 시간에 세계 여러 나라의 민족, 문화, 사람 간 차이를 존중하고 인정하는 것의 중요성을 설명한다. '차이에 대한 존중'과 '차이에 대한 이해'의 의미가 무엇인지 말해 보고 우리가 그것을 어떻게 실천할 수 있는지 토의해 보자.

우리 모두가 서로 다른 문화적 배경을 가졌다는 것은 그로 인해 더 많은 것을 배울 수 있게 된다는 것을 의미한다는 점을 인식시킨다. 우리가 다른 민족, 다른 문화, 다른 나라에서 온 사람들을 진심으로 존중하고 인정한다는 것을 어떻게 보여 줄 수 있을지 생각해 본다.

앞의 제임스에 대한 이야기를 읽어 준다. 다른 나라에서 온 친구를 받아들이고 존중하는 것이 아동에게 어른보다 어떻게 더 쉬울지에 대해 이야기 나눈다. 제임스와 그의 부모에 대해 아동이 질문하고 싶은것이 있다면 기록해 보도록 한다.

교실에서 세계 여러 나라 문화를 가진 아동들이 함께 활동하고 놀이하는 것에 대해 이야기 나눈다. 만약 새로운 나라에

나는 다른 나라에서 온 제임스가 우리와 친구가 되면 좋겠다고 생각해요. 여러 나라 사람과 친구가 되면 우리 모두가 소중하다는걸 알 수 있어요.

서 온 사람이나 다문화 가정 자녀와 어울려 지내기에 어려운 점이 예상된다면 그것이 무엇일지에 대해 이야기 나눈다. 그리고 다른 나라로 이민 가는 사람들은 그곳 생활에 어떻게 적응하는지에 대한 생각을 써 보게 한다.

 ## 가정 연계 활동

세계 여러 나라 사람의 생활은 민족과 문화에 따라 저마다 다르다는 것을 설명한다. 모든 사람은 생활하기에 좋은 상황 또는 불리한 상황을 가지고 있다. 각 사람의 상황, 특히 불리한 상황에서도 만족한 생활을 꾸려 가는 사람들의 생활은 어떠한지 알아보도록 한다. 때로 '다르다'는 것이나 '차이가 있다'는 것은 역사적으로 위대한 일을 이루어 내는 동기와 용기를 줄 수 있다. 이런 사람에는 누가 있는지 조사한 후 그에 대한 생각을 그림이나 글로 표현하게 한다. 활동의 결과물은 학급에서 다른 아동과 공유해 본다. 우리 가족은 조상에게서 물려받은 유전자 때문에 현재 모습처럼 되었다는 것을 상기시킨다. 따라서 우리는 우리 자신을 존중하고 인정해야 한다.

아동에게 다음의 이야기를 읽어 주고 제시된 활동을 해 본다. 되돌아보기 다음에 나오는 색소결핍증에 대한 사례를 통해 생각을 나누어 본다.

마델리조의 이야기

아프리카에서 한 사내아이가 태어났다. 그의 부모는 그를 마델리조라고 불렀다. 그의 아버지와 어머니는 흑인이었지만 아이의 피부는 흰색이었다. 그가 태어났을 때, 부모는 아이의 피부색 때문에 무척 충격을 받았다. 아버지가 먼 곳을 찾아가 의사를 만났을 때 의사는 이러한 일은 무척 드문 경우라고 진단했다. 양쪽 부모가 특정 염색체를 가진 경우 매우 드물지만 자녀가 색소결핍증으로 태어날 수 있다고 하였다. 이전에 그곳에서는 전혀 발생한 적이 없던 일이다.

마델리조의 흰 피부 때문에 그의 부모는 마델리조가 뙤약볕에 노출되는 것에 대해 매우 주의했다. 그의 피부는 태양열에 대한 방어 기능이 전혀 없었다. 만약 그가 태양열로 인해 화상을 입는다면 쉽게 피부암으로 발전될 수 있었다. 그래서 마델리조는 낮에는 주로 집 안에 머물러야 했고, 태양이 적게 내리쬐는 이른 아침이나 오후에만 밖으로 나갈 수 있었다. 마델리조는 부모에게서 많은 사랑을 받았다. 그의 부모는 마델리조를 돌보는 것을 당연하게 여기며 즐거워했다. 마델리조의 어머니는 항상 그를 청결하게 씻겨 주고 편안한 옷을 입혀 주었다. 어머니는 그에게 맛있는 음식을 만들어 주고 그에 대한 충분한 사랑을 주었다. 마델리조의 아버지도 그를 사랑했고 그와 많이 이야기하며 즐겁게 놀아 주었다.

마델리조의 아버지는 마델리조를 집 밖에 내보내는 것을 좋아하지 않았다. 왜냐하면 이웃이나 다른 또래가 마델리조가 그들과 다르다는 이유로 두려워했기 때문이다. 그의 부모는 마델리조가 다른 사람에게 알려지는 것을 원하지 않았다. 그는 또래와 다르고 이웃과도 전혀 같지 않았다. 그는 결코 그들과 하나가 될 수 없어 소속감을 느낄 수 없었다. 이웃 중 몇몇은 마델리조의 흰 피부 때문에 기분이 나쁘다고 생각했다. 그들은 그의 피부색이 하얀 이유를 이해할 수 없어서 그를 받아들일 수 없었다. 단지 그가 그들과 같지 않다는 이유만으로 그랬다.

마델리조를 제외하고 마을의 다른 아동은 모두 생김새가 비슷하다. 그들은 자신의 부모와 같다. 그들은 마델리조를 만지거나 같이 놀려고 하지 않았다. 그래서 마델리조

는 친구가 전혀 없고 같이 놀 사람이 없다.

마델리조의 부모는 그가 성장했을 때, 학교생활에 어려움을 겪을까 봐 염려했다. 교실의 다른 아동이 아들을 무시하고 놀리거나 불친절하게 대할 것을 이미 짐작하고 있었다. 이러한 것이 마델리조가 다른 사람과 어울리는 것을 더욱 어렵게 만들었다.

그가 거의 다섯 살이 되었을 때 마델리조의 어머니는 선생님과 상담을 하기 위해 마을 학교를 방문했다. 학교 건물은 낡았고 비가 오면 지붕이 새어 쓰러져 가고 있었다. 그래서 90명의 아동이 커다란 바오밥 나무 그늘에서 수업을 받고 있었다. 마델리조의 어머니는 마델리조가 태양이 내리쬐는 바깥에 나가면 안 된다고 설명했지만 선생님은 그 말을 진심으로 이해하는 것 같지 않았다.

아동에게 이 이야기를 들으며 무슨 생각이 드는지 질문해 본다. 이러한 상황은 공정한가? 다음의 질문에 대해 생각해 보도록 한다.

• 마델리조가 학교에 다니기 시작했을 때 어떤 일이 생길 것 같은가?
• 그는 수업시간 동안 건물 안에 머물 수 있는가?
• 마델리조가 하루 종일 태양 아래에 있다면 어떤 일이 생길 것 같은가?
• 다른 아동은 마델리조에게 공정하다고 생각하는가?
• 다른 부모는 마델리조가 놀이에서 배제되는 것을 원할까?
• 어떻게 하면 다른 아동이 그를 받아들일 수 있을까?
• 또래 친구들은 그에게 무슨 말을 하고 어떤 행동을 할 것 같은가?

 활동

아동에게 마델리조가 어떤 기분이었을지 생각해 보게 한다. 아무도 그와 놀아 주지 않는다면 그는 무엇을 할 수 있을까? 마델리조가 이대로 어른으로 성장한다면 어떤 사람이 될 것 같은가?

아동과 이 이야기의 기분 좋은 결말을 상상해 보게 한다. 아마 어떤 아동은 이야기 속에서 선생님이 마델리조를 이해할 수 있도록 도움을 주었다고 말할 수 있다. 어떤 아동은 이야기 속에서 마델리조를 도울 수 있다.

아동에게 후속 이야기가 좋은 결말로 이어지도록 그림을 그리게 하고 그에 대한 생각을 글로 써 보도록 한다. 그들은 자신을 스스로 이야기 속에 등장시켜 마델리조를 돕고 학교와 집에서 함께 즐겁게 지내기 위해 무엇을 할 수 있을지 생각해 볼 수 있다.

이야기 나누기 시간에 우리나라에서는 어떻게 아동이 따돌림을 당하는지 이야기 나누어 본다. 어떤 일로 아동이 다른 아동을 따돌리는가? 따돌림을 받는 아동의 기분은 어떨까? 어떻게 우리는 이런 일이 생기지 않도록 할 수 있는가?

아동과 함께 우리나라에서 따돌림 당하는 어른에 대한 이야기를 나누어 본다. 어떻게 하면 이런 일이 일어나지 않게 막을 수 있을까?

공정성 — 되돌아보기

　모두 함께 공정이란 주제에 대해 이야기 나누며 지난 활동을 되돌아본다. 모든 삶의 방식에서 환경에 의존하는 것이 공정한지 불공정한지에 대한 생각을 함께 나누고 교실에서 지켜야 할 공정에 관한 원칙은 무엇인지 이야기 나누어 본다. 우리나라 정부가 모든 국민을 모든 상황에서 공정하게 대우하려는 어떤 방침을 세우고 있는지에 대해 이야기 나눈다. 공정하지 않은 다른 나라의 불공정 사례에 대해 이야기 나눈다.

　이제까지의 세계 시민교육 포트폴리오 파일에 보관된 활동 결과물을 살펴보고 함께 작업했던 친구들의 이름을 기록하여 파일에 추가한다. 어떤 아동이 교실의 모든 아동과 같이 공동 작업을 하였는가? 각 주제에서 가장 기억에 남는 활동은 무엇인가? 사람들이 공정하거나 불공정한 행동을 하는 이유에 대해 생각할 수 있는가? 그리고 아동이 어른과 사회의 공정성을 위해 함께 할 수 있는 일이 있다면 무엇일지에 대해 이야기 나눈다.

　여학생과 남학생이 똑같이 대우받지 못하는 경우가 있다면 어떤 경우인지 생각할 수 있는가? 만약 그런 경우를 본다면 아동이 무엇을 할 것인지 질문한다. 학교와 집 그리고 지역사회에서 공정하게 행동해야 할 자신의 책임을 생각해 보고 그에 대해 이야기 나눈다. 다른 사람을 존중하는 마음으로 대하는 것과 우리 지역에서 모든 이가 인정받고 있음을 느끼도록 하는 것의 중요성을 상기시킨다

　규칙이 모든 사람을 공정하게 대하도록 도와주는 역할을 하므로 아동 스스로 규칙을 유지할 책임이 있음을 상기시킨다.

 참여하기

세계 여러 나라가 모든 사람에게 좀 더 공정한 곳이 되게 하기 위해 아동이 도울 수 있는 방법에는 어떤 것이 있는지 생각해 보게 한다. 도울 수 있는 사람이 있는가? 예를 들어, 사람들의 건강 개선을 위해 일하는 자선단체와 같은 기구를 도울 수 있는 사람이 있는가?

세계시민의 과제

항상 공정하지 못하고 존중받지 못하며 인정받지 못하는 지역에서 생활하는 사람들의 삶을 생각해 본다. 그들이 좀 더 그러한 상황에서 생활하지 않도록 도울 수 있는 방법에는 어떤 것이 있는가? 아동이 현재 할 수 있는 것과 나중에 어른이 되어 도울 힘이 있을 때 도울 수 있는 것에 대해 생각할 수 있는가? 재정을 후원하는 것만으로 충분한가?

⚙ 색소결핍증

대부분의 사람은 색소결핍증(albinism)을 가진 사람에 대해 상당한 편견과 고정관념을 가지고 있다. 많은 사람은 하얀 머리카락, 하얀 피부, 그리고 붉은 눈동자를 가진 사람과 같이 백변종이 있는 사람을 주변에서 보게 되면 놀란다. 이는 색소결핍증에 대한 진실이 폭넓게 알려지지 않아서 그 자체가 마치 신화처럼 여겨져 왔기 때문이다.

미국에서는 1만 7000명당 한 명이 색소결핍증을 앓는다. 그들은 시각상 보이는 멜라닌의 양에 따라 여러 유형으로 구분된다. 하지만 색소결핍증의 차이는 마치 대부분의 동양 사람은 갈색 눈동자를 가지고 서양 사람은 푸른 눈동자를 갖지만 또 어떤 사람은 붉거나 보라색 눈동자를 갖고 태어나는 경우와 같다. 아주 소수이지만 옅은 갈색 또는 회색 눈동자를 가진 사람도 있다. 모든 사람의 눈동자 색이 다른 것은 눈동자에 특정 색소가 부족하기 때문이다. 이처럼 대부분의 백변종 역시 일종의 색소결핍이라는 단순한 원리 때문인데 사람들은 그것을 깨닫지 못하는 것이다. 색소결핍에는 크게 두 가지 유형이 있다.

유형 1: 머리카락, 피부, 눈동자 색에 영향을 주는 경우
유형 2: 시력에 영향을 주는 경우

대부분의 백변종은 시력에 심각한 문제를 동반하여 많은 경우 실명하거나 초점이 흔들려 시력이 매우 저하된다. 하지만 소수의 사람은 차를 운전할 정도의 충분한 시력을 가지기도 한다. 드물게는 타박상이나 출혈 혹은 질병에 취약한 증상이 나타날 수 있다. 눈과 아울러 대장과 폐 또는 다른 신체 이상을 동반할 수도 있다.

백변종을 앓는 사람의 생존 기간은 저마다 다르나 그다지 길지는 않다. 만일 백변종 사람이 햇빛에 오랜 시간 노출된다면 이는 피부암으로 발전될 수 있다(대개 적도에 있는 나라에 사는 백변종에게 발생함). 피부암의 대부분은 치료될 수 있지만, 치료 가능한 시설이 설치된 곳에서만 가능하다. 다행인 것은 색소결핍증은 대부분의 지역에서

흔하게 발생하지는 않는다. 왜냐하면 백변종의 유전자는 퇴행하는 유전자에 의해 아주 드물게 발생하기 때문이다(이 병은 양친 부모에게서 동시에 물려받은 유전자에 의해 발생함). 이렇게 주변에서 자주 보기 어렵고 드문 경우이기에 일반인이 백변종인 사람을 만나게 되면 종종 적개심과 오해를 가진다. 그들 대부분은 학교를 조기에 중퇴하고, 특히 흑인 아동 중에 흰 피부를 가진 아동이 있다면 적응하기가 무척 힘들어진다. 백변종에 대해 오랜 기간 연구한 과학자로서 전 세계의 백변종에 대한 진상을 밝힌 사람이 Rick Guidotti(1988)다. 그는 *Life*의 6월호 포토 저널을 통해 백변종을 보고한 첫 번째 연구자였다. 이것이 백변종 환자에게 조금이나마 도움을 주었지만 그들에 대한 편견과 고정관념은 아직 현대 사회에서 존중과 공정성에 주요한 위협이 되고 있다.

(출처: Brenda Zea, http://serendip.brynmawr.edu/exchange/node/1710)

Global Citizenship for
Young Children

여러 가지 직업

여러 가지 직업에서 일하는 사람을 그려 본다.

이름:_____

1. 택시 운전자	2. 간호사	3. 의사
4. 법무관	5. 정원사	6. 선생님
7. 건축가	8. 미술가	9. 배관공

추가 작업으로 다른 활동지에 각 직업에서 일하는 사람이 남자인지 여자인지 말하고 왜 그런 성별을 택했는지 설명해 본다. 자신이 어른이 되었을 때 하고 싶은 직업과 그 직업을 갖고 싶은 이유는 무엇인지도 적어 본다.

 모든 사람을 위한 정원

　장애인처럼 특별한 신체 조건을 가지거나 휠체어를 사용하는 사람을 포함하여 지역사회의 모든 사람을 위한 공원을 설계해 본다.

　추가 작업으로 다른 활동지에 '공원에 있어야 하는 모든 것' 목록을 작성해 보자. 그리고 목록에 적은 품목 중 환경보존에 좋은 것에는 동그라미를 표시해 본다.

🏠 라시드를 어떻게 도울 수 있는가?

다음 이야기를 읽고 답해 본다.

> 라시드는 아홉 살이다. 그녀는 TV에서 뉴스를 보았다. 그 내용은 테러 활동에 대한 것이었고, 아주 먼 나라 사람들이 다른 사람을 살상하는 내용이었다. 뉴스 보도에서 어떤 사람은 이슬람교도를 비난하였다. 이러한 뉴스 내용은 라시드를 화나고 슬프게 했다. 라시드도 이슬람교도이기 때문이다. 그의 부모는 20년 전에 고향에서 떠나 영국으로 왔고 라시드는 이곳에서 태어나 자랐다. 라시드는 교실에서 유일한 이슬람교도이고 다른 모든 친구는 백인이다. 라시드는 학교에 가면 친구 중 몇몇이 자신을 비난할 수 있다고 생각했다. 왜냐하면 이슬람교도가 저지른 테러에 대해 보도된 뉴스 때문이다.

❖ 라시드가 다음 날 학교에 갈 때 어떤 느낌일 것이라고 생각하는가?

(나는 라시드가 ~와 같은 기분을 느낄 거라고 생각해요.)

❖ 테러 행위에 대해 라시드는 뭐라고 말할 것인가?

(나는 라시드가 ~라고 말할 거 같아요.)

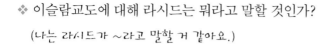

❖ 이슬람교도에 대해 라시드는 뭐라고 말할 것인가?

(나는 라시드가 ~라고 말할 거 같아요.)

❖ 교실에서 다른 아동과 다르게 보이는 것에 대해 라시드를 위로하기 위해
무엇을 할 수 있는가?

(나는 ~를 할 수 있어요.)

❖ 교실에서 라시드가 우리와 동일한 또래라는 감정이 들도록 도와주기 위해
무엇을 할 수 있는가?

(나는 ~를 할 수 있어요.)

추가 작업으로 다른 활동지에 라시드가 교실과 학교에서 좋은 감정을 느끼게
하기 위해 자신과 친구가 무엇을 할 수 있는지 기록해 본다.

Global Citizenship for
Young Children

 여러 장소에서 지켜야 할 규칙

우리 주변에서 지켜야 할 규칙이 있는 여러 장소를 그려 본다. 추가 작업으로 다른 활동지에 각 장소에서 지켜야 할 규칙과 약속에는 어떤 것이 있는지 기록해 본다.

학교 운동장	공공 도서관
버스 정류장	수영장
공원	지하철

04

다양한 문화 탐구

초점

이 장에서는 다른 나라 사람의 생활이 가진 다음과 같은 특징에 대해 인식하도록 도움을 줄 것이다.

- 다른 나라에서 온 이주민
- 음식
- 놀이
- 장난감
- 전래동화
- 의복
- 축제
- 음악

이 장에서 아동이 활동한 모든 결과물은 세계시민교육 포트폴리오 파일에 정리 · 보관하여 기록화하도록 돕는다. 활동을 위해 이 장 끝에 있는 '해리그', '새로운 놀이', '세계 여러 나라' 활동지를 참조한다.

Global Citizenship for
Young Children

다양한 문화 탐구 ─ 유아

다른 나라에서 온 이주민

유아와 함께 이야기를 나누며 주변의 많은 사람이 다른 나라에서 왔다는 것을 설명한다. 유아에게 자신이 태어난 곳과 부모가 태어난 곳은 어디인지 질문한다. 다른 나라에서 이민 온 사람이 있다면 그들을 초대하여 그 나라에 대한 이야기를 들어 본다.

유아에게 다른 나라로 여행한 적이 있는지 물어본다. 만약 다른 나라를 여행한 경험이 있다면 그때의 경험을 들어 본다. 우리나라 사람 중 다른 나라 출신의

유명한 사람은 누가 있는지 이야기해 본다. TV 탤런트, 언론인, 운동선수, 영화배우 등이 있을 수 있다. 다른 나라나 다른 문화에 속한 가정의 아동이더라도 우리나라에서 태어난 아동이라면 우리나라 사람과 똑같은 권리와 책임이 있다는 점을 설명한다.

신문을 활용하여 우리나라에 거주하지만 국적이 다른 나라인 사람을 조사해 본다. 유아에게 그들의 모국 생활은 어땠을지 알아보도록 하고 가능하다면 유치원 또는 어린이집에 그들을 초대하여 그들이 어떻게 우리나라에 오게 되었는

지, 그들의 고국과 우리나라의 차이점은 무엇인지 물어본다.

'해리그' 활동지를 활용하여 어떻게 해리그가 우리에게 환영받게 되었는지 이야기 나누어 본다.

우리나라에 이민 온 다른 나라 사람이 우리나라에서 이상하게 보이는 이유는 무엇인지 이야기 나눈 후 기록해 본다. 그리고 유아의 생각을 그림으로 표상해 보고 게시판에 전시하여 감상해 본다.

 다양한 문화 탐구 — 아동

다른 나라에서 온 이주민

'해리그' 활동지를 아동에게 나누어 주고 그들이 쓴 것에 대해 이야기 나눈다.

세계지도와 지구본을 사용해서 세계 여러 나라의 크기를 비교해 본다. 다른 나라에서 온 이주민은 우리나라에 함께 살기 위해 왔다는 것을 설명한다. 이주민의 이주 이유에 대해 아동의 생각을 들어 본다(예를 들면, 학대, 전쟁, 취업, 유학, 결혼, 기술 습득 등).

아동과 이주민의 출신국 목록을 만들고 지도상의 위치를 살펴본다. 이주민이 우리나라에 오는 이유가 무엇인지, 그들이 우리나라 국적을 취득했는지 또는 언젠가 자국으로 돌아갈지에 대해 이야기 나눈다. 이주민이 우리나라에 왔을 때 가져온 것 중 그들만의 기술, 음식, 전통 등에 대해 아는 것이 있다면 그에 대해 이야기 나눈다.

어떤 사람은 자기 나라를 위한 기술을 배우기 위해 학교나 병원으로 파견 나온 경우도 있다. 이것이 좋은 것인지, 나쁜 것인지에 대해 이야기 나누고 우리나라에서는 과연 이러한 것을 권장하는지에 대해 토론해 본다.

이주민이 우리나라의 학교, 병원, 공장, 농장 등에서 어떤 일을 하는지 이야기 나눈다. 여러 나라에서 온 이주 노동자는 자신의 가족을 위해 돈을 벌려는 단기간 체류 목적으로 우리나라에 오는 경우가 많다. 그들은 자기 나라가 경제적으로 어려운 것과는 대조적으로 우리나라가 더 잘 사는 것에 대해 어떻게 생각할지 이야기 나누어 본다.

이주해 온 사람 가운데 우리나라에서 유명한 사람이 있는지 알아보고 그들에 대한 아동의 생각을 물어본다.

가정 연계 활동

　각 아동에게 우리나라 이주민 중 가장 유명한 사람은 누구인지 조사해 보도록 한다. 그들이 우리나라에서 무엇을 하는지, 어디에 사는지, 아동이 생각하기에 그들이 왜 여기에 왔는지에 대해 알아보도록 한다. 이야기 나누기 시간에 이를 함께 나누고 모든 아동의 생각을 취합한 후 교실에 게시해 준다.

다양한 문화 탐구 — 유아

음식

유아와 좋아하는 음식에 대해 이야기 나누고 좋아하는 음식 목록을 만든다. 유아가 이야기한 음식은 모두 우리나라 음식인가? 음식 목록을 보고 우리나라 음식이 아닌 것에 동그라미 표시를 하고 그렇지 않은 음식은 어느 나라에서 온 것인지에 대해 이야기 나눈다. 그리고 세계지도나 지구본을 사용하여 세계 여러 나라의 위치를 유아에게 알려 주고 좋아하는 음식이 어느 나라의 음식인지 함께 찾아본다. 방학 기간에 외국에 다녀온 유아가 있다면 그곳에서 먹은 음식에 대해 들어 보고 다음 문장을 완성해 보도록 한다.

'내가 ~에 갔을 때, ……을 먹었어요.'

우리가 전통적으로 우리나라 음식이라고 생각하는 토마토와 감자 같은 농산물은 원래 외국에서 들어온 것임을 설명한다. 우리나라에 이민 온 사람이 가져온 음식은 무엇인지 또는 그들이 우리나라에 이주한 후 먹고 싶어 찾는 음식은 어떤 것이 있는지 생각해 본다. 때때로 이주민은 자신이 선호하는 식품을 수입하

내가 가장 좋아하는 다른 나라 음식은 스페인의 파에야예요.

도록 요청하기도 한다. 이민 올 때 그들은 자신이 좋아하는 음식의 조리법을 가
져오는 경우가 많다.

여러 나라의 음식점에 대해 이야기 나눈다. 다른 나라에서 온 사람이 직접 우
리나라에 개업한 음식점을 알고 있는가? 유아에게 세계지도나 지구본을 보여 주
고 그 음식점에서는 어느 나라 음식을 파는지 알아보도록 한다. 그리고 이야기
나누기 시간에 유아에게 다음 문장을 완성해 보도록 한다.

'내가 좋아하는 다른 나라 음식은 ∼이에요.'

유아에게 자신이 좋아하는 다른 나라 음식을 그려 보고 그 맛과 느낌을 그림
이나 글로 표현해 보도록 한다. 그들이 아는 다른 나라 음식에 대한 사진 자료를
교실에 게시해 준다. 그리고 세계지도를 사용해서 유아가 그린 음식 그림을 코
팅하거나 끈을 달아 해당 나라 옆에 붙여 준다.

음식과 연관된 확장 활동으로 배고픔에 대해 이야기 나눈다. 유아에게 배고파
본 경험이 있는지 물어보고 다른 나라 유아는 충분한 음식이 없어 굶는 경우가
있다는 것을 설명한다. 유아가 그것을 상상할 수 있는가? 교실에서 어떻게 그런
상황을 느끼고 이해할 수 있을지 생각해 본다.

다양한 문화 탐구 — 아동

음식

외국 음식인데도 우리나라 것으로 당연하게 생각하는 음식에는 무엇이 있는지 아동과 함께 이야기 나눈다. 다른 나라에서 우리나라로 들어온 여러 음식의 목록을 함께 만들고 세계지도나 지구본을 사용하여 해당 나라를 찾고 음식을 연결해 본다. 세계 여러 나라 중 특색 있는 음식이 없는 나라는 어디인지 살펴본다. 아동과 이들 나라의 목록을 별도로 만든 후 각 나라의 음식 중 하나를 선택하여 관련 도서나 인터넷에서 그 음식의 특징에 대해 조사해 보도록 한다.

각 나라의 사람이 왜 그런 종류의 음식을 먹는지에 대해 이야기 나눈다. 세계 여러 나라의 음식은 그 나라에서 생산되는 원재료의 이용 정도 또는 생산의 편리성과 주로 관련이 있다. 몇몇 나라는 그들의 종교와 연관되어 있는 경우도 있다.

우리 교실에 다른 나라에서 온 아동이 있다면 그 가정에서 주로 먹는 음식에 대해 이야기를 들어 본다. 가능하다면 다른 나라에서 온 사람을 교실에 초대하여 그들이 먹고 싶은 음식, 그들이 사용하는 음식의 원재료와 만드는 방법에 대해 소개를 받는다. 이러한 활동을 위해 직접 음식을 요리하고 시식할 수 있다.

유아와 함께 생일파티, 소풍, 결혼과 같은 특별 행사 때 음식을 어떻게 활용하는지에 대해 이야기 나눈다. 우리는 가족 축제나 종교적 · 국가적 행사를 위해 우리나라만의 공휴일이나 기념일이 있다. 아동에게 여러 나라의 모든 문화권 사람이 여가 또는 축제의 일부분으로 음식을 어떻게 활용하는지 생각해 보거나 이를 과제로 찾아와서 설명해 보도록 한다.

또한 음식이 부족하여 함께 나눌 수 없거나 배고픔을 해결하기 위해 어떤 것이라도 먹어야 하는 사람에 대해서도 이야기 나눈다.

 가정 연계 활동

각 아동이 선택한 다른 나라에서 여가나 축제를 위해 음식을 어떻게 활용하는지 알아보고 이를 짧은 글이나 그림으로 표현해 보도록 한다. 그리고 세계지도 위에 해당 나라를 표시해 보도록 한다. 토론을 위해 폭넓고 다양한 정보를 얻을 수 있는 나라를 각자 선택해 자료를 수집해 보도록 한다. 토론 후에 활동 결과물을 지도 주변에 게시한다.

다양한 문화 탐구 — 유아

놀이

다양한 놀이에 관한 주제 활동 전에
관련 홈페이지를 검색하거나 다음 사이
트를 방문한다.

• http://www.playkidsgames.com

이야기 나누기 시간에 유아에게 전 세
계의 놀이를 함께 알아보자고 제안한
다. 유아가 가장 좋아하는 놀이를 생각
해 보게 하고 다음 문장을 완성해 보도
록 한다.

'나는 ~놀이를 좋아해요.'

유아가 언급하는 놀이의 목록을 만들고 각 놀이에 대해 이야기 나눈 후 그것
을 교실에 게시한다.

유아에게 다른 나라 친구의 생활에 대해 생각해 보도록 한다. 유아는 다른 나
라 친구도 모두 이와 같은 놀이를 할 것이라고 생각하는가? 그리고 그들에게도
공이나 줄넘기와 같은 놀이 도구가 있다고 생각하는가? 세계 여러 나라 아동 모
두에게 나타나는 비슷한 놀이는 무엇이고 다른 놀이는 무엇인가?

위에 제시한 웹사이트에는 전 세계 아동이 하는 많은 놀이가 소개되어 있다. 유아와 함께 '오리, 오리, 거위, 오리(Duck Duck Goose Duck)'[1] 놀이를 해 본다.

> 아이들과 원형으로 둘러앉는다. 한 아이가 술래가 되어 원 바깥쪽을 돈다. 술래는 아이들의 머리를 가볍게 짚으면서 '오리'인지 '거위'인지를 말하며 대형을 돈다. 어떤 아이가 '거위'로 지명되면 그 아이는 일어나 즉시 술래를 뒤쫓고 술래는 원 둘레를 달려서 거위에게 잡히기 전에 그의 자리에 앉아야 한다. 거위가 자기 자리 앉기에 실패하면 그 아이는 술래가 된다. 거위가 성공하면 원래 술래는 원 중앙에 앉고, 또 다른 아이가 자리를 차지하는 데 실패하면 풀려난다.

이 놀이는 미국 인디애나 주에서는 '옥수수죽 항아리'라고 불리고, 체코에서는 '페세크(Pesek)'라고 불린다.

올림픽 또는 월드컵과 같은 국제 경기에 대해 유아와 함께 이야기 나눈다. 각 유아에게 어렸을 때 가정에서 가족과 함께 했던 놀이가 있었는지 알아오게 한다. 이러한 놀이를 한데 모아 책으로 만들어 유아가 놀이 시간과 오후 쉬는 시간에 책을 보며 놀이하도록 한다.

---

1) 역주: 우리나라의 수건 돌리기 놀이와 유사한 놀이이다.

Global Citizenship for
Young Children

다양한 문화 탐구 — 아동

놀이

교사는 주제 활동 전에 놀이 관련 사이트나 앞서 소개된 웹사이트를 방문하여 놀이에 대한 정보를 얻을 수 있다.

무, 찌, 빠
무, 찌, 빠
네가 바로 술래구나!

아동과 하고 싶은 놀이에 대해 이야기하고 아동이 아는 모든 놀이의 목록을 만들어 보도록 한다. '공놀이', '줄넘기놀이', '링놀이', '술래잡기'와 같이 놀이 이름을 기록해 보도록 한다.

'새로운 놀이' 활동지를 활용하여 두 명씩 짝을 지어 다른 나라 아동과 함께 할 수 있는 보드게임 또는 카드 놀이를 만들어 보도록 한다.

아동이 하는 많은 놀이가 변형되어 전 세계에서 여러 놀이로 이루어지고 있다는 것을 설명한다. 예를 들면, 일본에서는 새해에 배드민턴과 비슷한 놀이를 한다. 여기서 일본 아동은 '하네(셔틀콕)'를 치기 위해 '하고이타(채)'를 사용하여 상대방과 주고받는다. '하고이타'는 나무로 만들어지고 한쪽에 예쁜 인형이 붙어 있다. '하네'는 털로 만들어지고 아동은 인형이 없는 '하고이타' 면으로 '하네'를 친다.

웹사이트에는 술래를 맡아서 하는 많은 놀이가 소개되어 있다. 아동은 종종

'감자 하나, 감자 두 개'[2]와 같은 놀이에서 손이나 주먹을 사용한다. 아동이 짝을 지어 술래 짓게 하는 새로운 놀이를 만들어 보도록 한다.

　어떤 나라의 아동은 축구를 하고 싶어도 축구공을 살 돈이 없다. 만약 축구공을 만들기 위해 재활용품을 사용한다면 어떻게 공을 만들 수 있을지 제작방법에 대해 토의해 본다. 무엇을 사용해서 둥근 공의 형태를 유지할 것인가? 그것이 튀어오르게 만들 수 있는가? 아동에게 학교에서 그들만의 아이디어와 디자인, 기술로 놀이도구를 만들어 보도록 한다.

 가정 연계 활동

　아동에게 집에서 즐기는 놀이를 조사해 보고 자신이 할 수 있는 놀이를 하나 개발해 오도록 한다. 학교에서 이들 놀이에 대해 이야기 나누고 '놀이 책'을 만들어 본다.

---

2) 역주: 우리나라 '보리밥, 쌀밥'과 유사한 손 놀이다.

 # 다양한 문화 탐구 — 유아

장난감

이야기 나누기 시간에 유아와 함께 전기로 작용하는 장난감, 집에서 만든 장난감, 배터리로 작동하는 장난감, 소꿉 놀잇감, 전시용 장난감 등과 같은 여러 종류의 장난감에 대해 이야기 나눈다. 유아에게 다음 문장을 완성해 보도록 한다.

'내가 가장 좋아하는 장난감은 ~이에요.'

세계 여러 나라에 사는 유아가 가지고 노는 장난감에 대해 이야기 나눈다. 다른 나라의 장난감에 대해 혹시 아는 친구가 있는지 물어본다. 장난감은 유아가 자라면서 혹은 어른이 되었을 때 그 사회 문화 속에서 해야 할 일을 배울 수 있도록 도와주는 역할을 한다고 설명한다.

예를 들면, 인형이 자기와 전혀 닮지 않았지만 다른 나라 인형을 가지고 재미있게 놀면서 어린 아기를 어떻게 돌보는지 익히게 된다. 싸

시베리아에 사는 아동은 눈으로 집을 만들며 놀아요. 눈으로 벽 안팎을 매끄럽게 만들지요. 습기가 많은 눈이라면 잘 뭉쳐서 작은 탁자, 침대, 의자도 만들 수 있답니다.

움이나 전쟁과 연관된 놀잇감도 전 세계 대부분 아동의 장난감으로 활용된다.

개발도상국의 유아는 부모의 물건 중 사용하지 않는 것을 장난감으로 가지고 논다. 어떤 유아는 목걸이나 팔찌를 만들기 위해 진흙으로 구슬을 만들고 그것에 색을 입힌 후 꿰어 가지고 논다.

대부분의 유아는 꾸미는 것을 좋아한다. 전 세계 유아는 공통적으로 상상놀이와 역할놀이를 할 때 부모의 옷을 입고 노는 것을 좋아한다.

유아는 장난감으로 인형(봉지 인형, 천 인형, 양말 인형 등)을 만들어 놀기도 한다. 봉지인형 안에 손을 넣어 봉지를 뒤집으면, 움직이는 입을 가진 작은 인형 얼굴로 변신한다. 또한 아동은 폐품이나 찰흙과 천을 장난감으로 활용하기도 한다. 활동 후 유아가 어떻게 장난감을 만들었는지에 대한 설명과 함께 완성된 장난감을 전시할 수 있다.

다양한 문화 탐구 — 아동

장난감

교사는 장난감 주제 활동을 위해 앞 장의 유아를 위한 아이디어를 활용할 수 있다. 몇몇 선진국은 자국의 유명한 장난감 브랜드를 가지고 있다. 예를 들어, 독일은 독창적인 기계 장난감이나 테디 베어, 레고 블록 등이 유명하다.

개발도상국이라도 도심 지역에 사는 아동이 가지고 노는 장난감은 우리가 가지고 있는 장

가나에 사는 아이들은 돌차기 놀이를 해요. 그들은 땅에다 사각형을 표시하고 놀이를 한답니다.
때때로 흙으로 장난감과 사람을 만들어 그것을 햇볕에 말린 다음 가지고 놀지요.

난감과 유사하다. 전력이 원활히 공급되는 곳에 사는 아동은 컴퓨터와 전자 게임을 좋아할 것이다. 그에 반해 시골 지역 사람은 경제적으로 빈곤하지만, 아동의 장난감은 매우 화려하다. 아마 스스로 만들었거나 가족이 만들어 주었을지도 모른다. 그것은 단순한 장난감일 수도 있고 그들 문화에서 어른이 사용하는 공예품의 복제품일 수도 있다.

이렇듯 아동을 위한 놀이는 그들이 자랐을 때 사회에서 요구하는 주요한 사회

기술을 익히도록 도와준다. 하지만 어떤 나라의 아동은 너무 바빠서 놀이를 할 시간이 별로 없다고 말한다. 그들은 아주 어린 나이부터 일해야만 하기 때문에 놀이할 시간이 별로 없다.

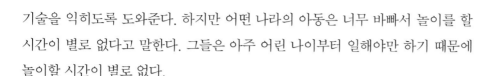

가정 연계 활동

　아동이 가정에서 책 또는 인터넷을 사용하여 세계 여러 나라 장난감을 찾아보게 하고 다른 나라 아동이 가지고 노는 장난감과 놀이에 대해 글과 그림으로 표현하도록 한다. 아동이 스스로 만든 장난감이 있다면 학교로 가져와 소개하는 시간을 갖거나, 가정에 수집해 놓은 세계 여러 나라의 장난감을 가져와 전시할 수 있다.

다양한 문화 탐구 — 유아

전래동화

전래동화는 민족의 역사와 문화를 세대에 걸쳐 전달하는 수단으로 가장 오래 사용한 방법이다. 많은 나라에서 전래동화는 글이 없던 시절부터 시작되었다. 예로부터 전해지는 모든 전래동화가 기록으로 남아 있진 않으나, 가족이나 마을 사람의 입에서 입으로 구전되어 왔다. 전승 이야기 중에는 이 세상이 어떻게 시작되었는지에 대해 소개하는 이야기도 있다. 이야기 나누기 시간에 유아에게 다음 문장을 소개하고 자신이 좋아하는 전래동화의 제목을 말해 보도록 한다.

내가 제일 좋아하는 이야기는 〈어메이징 그레이스〉예요. 그 이야기는 그레이스라고 불리는 흑인 여자아이 이야기예요.

AMAZING GRACE

'내가 제일 좋아하는 전래동화는 ∼이에요.'

활동 후 우리 학급의 유아들이 좋아하는 전래동화의 목록표를 만든다. 유아가 말한 것이 모두 우리나라 이야기인지, 다른 나라 이야기인지 알아본다.

동화작가 한스 안데르센(Hans Christian Andersen, 1805∼1875)에 대해 이야기 나누어 본다. 그는 덴마크 작가로 〈미운 오리새끼〉라는 글을 쓴 사람으로 알려져 있다(http://hca.gilead.org.il). 유아에게 도서 영역에서 여러 나라 작가의 동화를 찾아보게 하거나 집에 있는 동화책 중 다른 나라 작가가 쓴 그림책을 찾아보게 한다.

많은 동화가 다른 나라 아동의 삶에 관한 것이다. 도서관에서 여러 나라의 전래동화 책을 찾아서 보도록 한다. 여러 나라 이야기에 등장하는 아동에 대한 유아의 생각을 나누도록 한다. 그것은 오늘날의 이야기인가, 아니면 옛날이야기인가?

신화나 전설에 관한 이야기를 찾아보고 이런 이야기가 오랜 세월 동안 어떻게 전해져서 우리가 듣게 되었는지에 대해 이야기 나눈다. 유아가 들었던 성경 이야기에 대해 이야기 나누어 본다. 그리고 이것은 기독교인의 역사에 대한 것이라고 설명한다. 유아에게 다른 종교 이야기를 들려준다. 다른 나라에 사는 유아와 그들의 삶에 대해 아는 것을 이야기 나눈다.

유아에게 다른 나라 유아들이 살아가는 모습이 담긴 동화 내용을 그려 보게 하고, 유아가 듣고 싶어 하는 이야기를 그림이나 글로 표현해 보도록 한다.

다양한 문화 탐구 — 아동

전래동화

책에서 본 전래동화나 가족에게 들은 옛날이야기 혹은 다른 나라 아동에 대한 옛날이야기에 대해 알아보자고 제안한다. 러시아에서 대대로 전해오는 환상동화 중 하나인 〈민담(skazki)〉은 여러 세대를 통해 구전으로 전해져 왔으나 글로 기록되지는 않았다.

중세 음유시인에 대해 설명한다. 그들은 여러 지역을 떠돌아다니면서 사람들에게 시대를 가로지르는 이야기를 전했고 그들만의 노래를 불렀다. 이들은 용맹, 대담함, 환상적인 모험 이야기를 소중히 여겼다.

많은 문화권에서 유래되어 온 전래동화는 그들 사회공동체의 역사를 말해 준다. 주로 그들의 이야기는 도덕적 주제를 갖고 있어서 그 이야기를 듣는 아동에게 그들 사회가 원하는 방식대로 행동하도록 도와준다.

다른 나라 아동용 그림책이 있다면 학교에 가지고 오도록 하여 모두 모아 둔다. 인터넷으로 찾을 수도 있다. 웹사이트 http://www.bolokids.com/index.cfm ?md=Content&sd=Articles&ArticleID=715는 '작은 눈 소녀(little snow girl)'에 대한 러시아 이야기다. 웹사이트 http://www.russia-in-us.com/Children/도 참조한다.

> 2004년 아프리카에서 구전되는 이야기들이 쇠퇴하는 것에 대한 BBC의 한 보도(http://news.bbc.co.uk/2/hi/africa/3898337.stm)는 아프리카 전래동화에 대한 시사점을 제공하였다.
>
> "금요일 밤 아난제의 이야기는 대단했다! 나는 '아부야'가 우리에게 사기꾼 콰쿠 아난제 혹은 착하지 않은 사람이나 복종하지 않는 것의 공포에 대하여 말하려고 했을 때 이미 그 의도를 알 수 있었다. 근처 숯불 가까이에서 땅콩 볶는 냄새 혹은 코코아ー얌 굽는 냄새가 났다.
> 오늘날의 젊은이는 많은 것을 잃어버리고 있는 것 같아 정말로 안타깝다."
>
> Thy-will Koku Amenya,
> Ghana/USA

아동에게 집에서 부모나 친척들이 가족의 역사나 가족에 관한 이야기를 자주 들려주는지 질문한다. 그들은 언제 어떻게 들려주는가? 우리 가족 이야기를 듣는 재미에 대해 이야기 나눈다.

 ## 가정 연계 활동

　아동에게 가족의 허락을 받아 후대에 전해 줄 삶 속의 작은 사건을 기록해 오도록 한다. 그리고 그에 관해 그림을 그리거나 글을 쓰게 한다. 이를 '가족의 역사'라는 제목으로 제시할 수 있다.

다양한 문화 탐구 — 유아

의복

유아와 함께 겨울과 여름에 입는 의복에 대해 이야기 나눈다. 유아에게 여름옷과 겨울옷이 왜 다른지 물어본다. 겨울에는 몸을 따뜻하게, 여름에는 몸을 시원하게 하도록 옷을 입어야 하며 의복은 그에 적합하도록 만들어진다고 설명한다.

유아에게 다른 나라 날씨의 특징과 더운 나라와 추운 나라에서 입는 옷의 종류에 대해 생각해 보도록 한다. 지역에 따라서는 계절에 변화가 없어서 입는 옷도 별다른 차이가 없는 경우도 있다. 또한 일부 나라에서는 민속의상이 있지만 대부분의 아동은 비슷한 옷을 입는다.

나는 여름에 시원하게 지내려고 반바지와 티셔츠를 입고 샌들을 신어요.

세계지도나 지구본을 보고 로마를 찾아본다. 2000년 전 로마의 아동은 무릎까지 오는 튜닉(tunic)[3]을 입고 추울 때는 코트를 입었다. 부유한 가정의 남자아이는 보라색 테두리가 있는 긴 겉옷을 입었고 여자아이는 허리에 나무 벨트가 있는 튜닉을 입었다.

세계지도나 지구본을 보고 이번에는 그리스를 찾아본다. 옛날의 그리스 사람은 '키톤(chiton)'이라고 불리는 튜닉을 입곤 했다. 이 옷은 핀으로 큰 정사각형

----

3) 역주: 고대 그리스나 로마인이 입던 소매가 없고 무릎까지 내려오는 헐렁한 웃옷이다.

원단을 어깨에 고정하도록 만들며 허리에는 벨트가 있다.

다음으로 말레이시아를 찾아본다. 이 나라 사람들은 사롱(sarong)[4] 또는 헐렁한 치마로 몸을 두른다. 중동 국가에서는 보통 남자와 여자 모두 긴 가운 같은 옷을 입는다. 반면에 중국에서는 정교한 옷감에 진주와 옥으로 수놓은 비싼 천으로 만든 전통의상을 입는다. 대만에서 여자는 스탠드칼라(stand collar)[5] 옷을 입고 치마 옆은 길게 절개한다. 일본에서는 짧은 양말과 나막신을 신고 기모노를 입는다. 인도 여자는 사리(sari)[6]를 입고 샌들을 신는다.

유아에게 세계 여러 나라 전통 의복에 관한 사진이 있는 책을 찾아보고 우리가 입는 옷과 다른 종류의 옷을 입는 사람을 그려 보게 한다.

---

4) 역주: 말레이시아, 인도, 스리랑카 등지에서 이슬람교도가 남녀 구분 없이 허리에 둘러 입는 옷이다.

5) 역주: 목 둘레에서 칼라를 딱 맞게 세운 의상이다.

6) 역주: 인도의 여성이 입는 민속 의상으로 한 장의 견포 또는 면포를 허리에 감고 어깨에 두르거나 머리에 덮어씌워 입는 옷이다.

Global Citizenship for
Young Children

다양한 문화 탐구 — 아동

의복

아동에게 다양한 의복에 대한 흥미가 조성되도록 앞 장에 제시되어 있는 활동을 활용한다.

세계 여러 나라 사람이 입는 다양한 의복에는 어떤 것이 있는지 아동과 이야기 나누어 본다. 어떤 아프리카 나라에서는 특별한 이유로 부족이 옛날에 입던 옷을 지금도 입고 있지만, 최근에는 많은 사람이 현대 의복을 입는다.

브랜드가 널리 알려진 옷은 선진국뿐만 아니라 개발도상국에서도 부유한 사람이 자신의 경제력을 과시하기 위해 입는다. 하지만 가난한 사람은 자신의 신체를 보호하거나 따뜻하게 하기 위해 옷을 입는다. 서구 여러 나라에 있는 자선단체가 많은 개발도상국에 옷을 보내고, 이 옷은 그 사람이 갖는 유일한 옷이 되는 경우도 있다.

아동에게 만약 자신의 모든 옷이 남이 입던 헌것이고, 새 옷은 전혀 사 입지 못하는 상황이라면 어떤 기분일지 이야기 나누어 본다.

세계 여러 나라에는 전통의상이 있다. 우리나라에도 명절에 입는 한복이 있다. 어떤 나라에서는 종교와 신앙을 의복을 통해 나타내기도 한다. 어떤 지역의 여성은 자신의 얼굴과 머리를 의복으로 가리고 몸이 드러나지 않도록 긴 치마를 입는다.

아동에게 세계 여러 나라 사람이 입는 전통의상에는 어떤 것이 있는지 학교에 있는 여러 도서에서 찾아보게 한다. 서너 명이 짝을 이루어 한 나라를 선택하고 그 나라 사람이 입는 전통적이고 현대적인 옷을 찾아보도록 한다. 찾은 것을 글과 그림으로 기록해 보고 교실에서 이것에 대해 이야기 나누어 본다.

가정 연계 활동

아동에게 가족의 도움을 받거나 도서 및 인터넷을 통해서 다른 나라 사람이 전통 의상을 입을 때 어떤 종류의 장식을 사용하는지 알아보고 이러한 옷을 언제 입는지 조사해 보게 한다. 그리고 여러 상황에 따라 입는 옷에 대해 글과 그림으로 서술해 보게 한다.

 ## 다양한 문화 탐구 — 유아

축제

이야기 나누기 시간에 유아에게 '축제'의 의미를 알고 있는지 질문한다. 축제란 기념일 혹은 축하 잔치를 뜻한다. 유아가 우리 주변에서 열리는 여러 축제에 대해 알고 있는지 이야기 나누어 본다.

세계 여러 나라는 고유의 축제 또는 기념일을 갖고 있으며, 축제기간은 휴일이자 즐거운 기간임을 설명해 준다. 예를 들면, 영국에서 열리는 에든버러 축제는 고전음악, 연극, 오페라와 춤을 즐기기 위해 해마다 3주 동안 열리고, 현대음악 축제는 글래스톤베리에서 열린다. 만약 영화 축제에 참가한다면 새로운 영화를 감상할 수 있다. 유아에게 부모와 같이 지역 축제에 참가해 보았는지, 그때 참가한 기분은 어땠는지 질문한다.

종교 축제는 모든 나라에 존재한다. 유아가 알고 있는 종교 축제가 있다면 그것을 모두에게 소개하거나 그림을 그려 보도록 한다. 그리고 도서 영역의 그림책을 통해 세계 여러 나라의 축제에 대해 살펴보도록 한다. 만약 다른 나라에서 온 학부모가 있다면 교실에 초대해 그들 나라의 축제에 대해 이야기를 들어

나는 하누카를 좋아해요. 그것은 8일 동안 진행되는데, 매일 밤 하나하나의 촛불을 밝히며 맛있는 음식을 먹으면서 즐겁게 보내요.

본다.

세계에서 유명한 축제 중 하나는 매년 3월에 미국 뉴올리언스에서 열리는 마르디 그라스(Mardi Gras)라고 불리는 축제다. 사람들은 최고로 멋진 옷을 차려입고 '왕과 여왕'이 탄 4륜 마차를 따라 거리를 행진하며 재즈 음악을 연주한다. 행진하는 사람들은 '스로(throws)'라고 불리는 장신구를 관중에게 던진다(http://www.neworleansoline.com/neworleans/mardigras).

우리 교실에서도 축제를 열 수 있다. 한 학기가 끝난 것을 축하하기 위한 여름 또는 겨울 축제를 열 수 있다. 만약 마르디 그라스 형태의 파티를 열기 원한다면 다음 웹사이트를 참고한다.

• http://www.mardigrasday.com/mardigras/party.php

다양한 문화 탐구 — 아동

축제

가족의 결혼이나 경사를 축하하기 위해 모든 가족이 함께 파티하는 것을 잔치 또는 축제나 연회라고 한다는 것을 설명한다. 아동과 이에 대해 이야기하고 축제에 참여한다면 어떤 기분일지 이야기해 보도록 한다. 세계 여러 나라에는 특별한 날 특별한 옷을 입고 모두 함께 행진하는 연회나 축제가 있다.

스페인 발렌시아의 사람들은 종이 모형과 나무와 왁스로 니놋(ninot)이라고 불리는 조각품을 만들고 페인트를 칠하느라 한 해를 거의 다 보낸다. 어떤 조각품은 우스꽝스럽고 어떤 조각품은 매우 진지하다. 성 요셉을 기념하는 축제기간의 마지막 날인 3월 19일에는 단 하나의 니놋만 남기고 나머지 300개 정도의 모든 니놋은 불꽃축제에서 태운다.

중국에서는 새해 전날에 많은 사람이 자신의 가족과 저녁식사를 함께 하기 위해 집에 가려고 노력한다. 이 축제는 새해 첫날부터 15일 동안 지속되며 마지막 날 저녁에 제등 축제로 끝난다. 제등 축제 동안 아동은 밤에 밝은 제등을 가지고 밖으로 나간다. 고대에 제등은 아주 단순했다. 오직 황제와 귀족만이 커다랗고 화려한 제등을 가질 수 있었다. 하지만 현대 사회에서의 제등은 그때와 다르다. 대부분 화려한 디자인으로 장식되고 일부는 짐승 모양으로 장식된 것도 있다. 제등이 없는 사람은 제등 행렬을 보는 것을 즐긴다. 아동과 함께 중국 새해 파티를 계획하고자 한다면 다음 사이트를 참고한다.

• http://www.kidspartyfun.com/pages/themes/chinesenewyear.html

세계지도 또는 지구본을 사용하여 아동이 모둠별로 다른 나라의 축제를 찾아 보게 한다. 모둠별로 알아본 축제에 대해 설명하고, 축제에 참여하는 사람과 그들이 즐기는 특별한 파티 음식에는 어떤 것이 있는지 발표해 보도록 한다. 아동의 작품을 모아 책으로 만들어 세계 축제 관련 활동자료로 전시한다.

 가정 연계 활동

축제에 참가한 경험이 있다면 그에 관한 그림을 그리게 하고 축제 참가 경험이 없는 아동은 자료조사를 통해 축제에서는 무슨 일이 벌어지고 축제에 참여한 느낌은 어떨지 자신의 생각을 기록해 보도록 한다. 또는 부모와 가족이 함께 참가했던 축제가 있다면 그에 대한 이야기를 나누고 글과 그림으로 표현해 보도록 한다.

다양한 문화 탐구 ― 유아

음악

이야기 나누기 시간에 유아에게 음악 종류에 대해 말해 보도록 한다. 유아에게 자신이 좋아하는 유치원 노래와 가정에서 부르는 노래를 생각하게 하고 다음 문장을 완성해 보도록 한다.

'내가 좋아하는 노래는 ~예요.'

유치원이나 어린이집에 있는 여러 악기를 조사하고 소리를 만들 수 있는 다양한 악기에는 무엇이 있는지 생각해 본다. 그리고 각각의 악기로 어떤 소리를 만들 수 있는지, 그들이 어떤 악기로 어떤 연주를 하고 싶은지 물어보고 다음 문장을 완성해 보도록 한다.

'나는 ~로 연주하는 것을 가장 좋아해요.'

나는 탬버린 연주를 좋아해요.

음악은 우리의 감정에 영향을 주어 우리를 기쁘게도 슬프게도 할 수 있다. 유아가 여러 종류의 음악을 듣거나 연주할 때 어떤 느낌인지 말해 보도록 한다.

다른 나라 유아도 음악 듣는 것과 음악을 만드는 것을 좋아하며 각 나라의 음악은 우리가 일상적으로 듣는 음악의 종류와 매우 다를 수 있다는 것을 설명해준다. 가능하다면 다른 나라의 노래와 음악 테이프 또는 CD를 준비해서 들려준 후 그 음악이 만들어 내는 여러 가지 소리와 이들 소리가 어떻게 만들어졌는지에 대해 이야기 나눈다.

유치원이나 어린이집에 있는 악기를 찾아보고 이들 악기가 어떻게 만들어졌는지에 대해 이야기 나눈다. 세계 여러 나라 사람들이 나무 또는 금속을 사용하여 서로 비슷한 소리가 나는 악기를 만들 수 있는지와 장르가 다른 오케스트라나 밴드가 서로 어울릴 수 있는 소리를 만들 수 있는지 알아보도록 한다.

개발도상국의 많은 악기는 주변에서 쉽게 구할 수 있는 재료를 사용하여 손으로 만든 것이라고 설명한다. 그러한 악기는 대부분 장단을 위한 타악기다. 유아가 폐품을 이용하여 악기를 만들 수 있는가?

우리가 음악을 사용할 경우(예를 들면, 축전, 축제, 밴드 행진, 오케스트라, 오페라) 음악은 모든 문화에 아주 실제적인 부분이어서, 다른 나라 사람의 언어를 이해할 수 없는 상황일지라도 음악을 통해 서로 이해하고 공유할 수 있는 부분이 많다는 것을 이해시킨다.

다양한 문화 탐구 — 아동

음악

우리가 알고 있고 좋아하는 음악에 대해 이야기를 나누어 본다. 아동에게 우리가 들어 본 음악을 목록으로 만들어 보고 얼마나 음악이 다양한지 살펴보게 한다. 예를 들면, 국악, 재즈, 파이프 밴드, 오케스트라 음악, 오페라 등이 있다. '노래 경연대회'에 대해 이야기하고 왜 우리나라 사람이 노래로 상을 받기 위해 경쟁하는지에 대해 이야기 나눈다. 왜 그렇게 많은 사람이 노래를 부르는가?

여러 악기가 어떻게 만들어지고 있는지 그리고 복잡한 악기가 장인의 가내 수공업 제작 과정을 통해 어떻게 전수되어 왔는지에 대해 이야기 나눈다. 여러 종류의 악기, 즉 타악기, 현악기, 목관악기, 금관악기, 건반악기에 대해 이야기 나누고 그것이 오케스트라에서 어떻게 배치되는지에 대해 이야기 나눈다.

세계 여러 나라의 문화유산에는 전통악기에 대한 자부심이 있고 그들의 대부분 악기는 그들이 사는 곳의 주변에서 찾을 수 있는 재료로 만들어짐을 알려 준다. 아동에게 다른 나라의 음악을 생각해 보게 한다. 예를 들면, 스틸 밴드, 호주 디저리두(didgeridoo) 음악, 이탈리아 오페라 음악, 스페인 플라멩코 음악, 아프리카 드럼 음악, 인도 시타르 음악 등이 있다. 우리가 공유할 수 있고 언어의 장벽을 뛰어넘을 수 있는 전 세계 음악을 이해하기 위해 다양한 나라의 음악 CD를 사용하고 있음을 알려 준다.

많은 나라의 전통 문화에서 특색 있는 음악 소리는 주변의 재료를 사용하고 그것으로 만든 악기로부터 발전해 왔다는 것을 설명해 준다. 아동에게 모둠별로 세계지도에서 한 나라를 선택하고 인터넷, 백과사전, 책을 통해 해당 나라의 음악을 조사하도록 한다. 그리고 이들 나라의 음악에 대한 전시자료를 만든다.

 가정 연계 활동

　아동에게 집에서 구할 수 있는 나무, 금속, 가죽, 유리 등 다양한 재료로 악기를 만들고 학교에 가져와 재료가 내는 소리를 교실에서 함께 탐색해 보도록 한다. 모둠으로 나누어 재미있는 그들만의 악기를 만들어 연주해 보도록 한다. 이를 위해 연습할 시간과 장소가 필요할 것이다.
　아동에게 다음의 이야기를 들려주고 연관 활동을 수행하도록 한다.

 팔로마와 무어족 그리고 크리스마스

팔로마는 일곱 살이고 스페인에서 살고 있다. 그녀는 무어족(아프리카 북서부에 살던 이슬람 종족. 8세기에 스페인을 점령했음)과 크리스마스 축제가 가까이 다가와 아주 흥분되어 있었다. 팔로마는 스페인 발렌시아의 작은 마을에서 부모님과 두 동생과 살았다. 부모님은 도시에서 작은 빵 가게를 운영했다. 팔로마는 아버지가 빵을 굽기 위해 오븐에 불을 붙이려면 일찍 일어나야 하기 때문에 아버지를 깨우기 위해 이른 아침에 일어났다. 어머니는 팔로마가 일어나서 아침을 준비하고 학교에 갈 준비를 끝낸 다음에 그녀가 깨울 때까지 침대에 누워 있었다. 오늘 아침에 팔로마는 어머니가 깨기 전에 일어났다.

팔로마는 창문 밖을 내다보았다. 겨울은 거의 끝났지만 태양이 아직 뜨지 않아서 빛이 보이지 않았다. 거리 가로등의 도움으로 겨우 거리의 장식을 볼 수 있었다. 좁은 거리에서 집과 집 사이를 따라 장식 리본과 국기가 걸려 있었다. 여러 가지의 빛깔이 이른 아침 미풍 속에서 조용히 흔들렸다.

팔로마는 남자 목소리와 금속장식이 움직이는 소리를 들었다. 팔로마는 창을 열고 밖으로 기대서 포장도로 옆을 따라 튼튼한 금속 울타리가 놓이고 있는 것을 볼 수 있었다. 사람들은 나중에 행진할 때 수레와 말로부터 축제 참가자를 안전하게 보호하기 위해 이 울타리를 설치했다. 곧 화물자동차가 접이 의자를 가져와 사람들이 앉아서 볼 수 있도록 길을 따라 배치했다. 모든 것이 축제의 밤을 위해 준비되고 있었다.

이제 팔로마의 가게를 제외한 모든 가게가 문을 닫을 것이다. 사람들은 빵과 케이크를 매일 사야 하지만 행진을 준비하기 위해 일찍 문을 닫아야 한다. 심지어 작은 슈퍼마저도 이 특별한 날을 위해 문을 닫는다. 팔로마는 미소를 지었고 더 기다릴 수가 없었다. 그녀는 다른 해에 보았던 축제 행렬을 떠올렸다. 많은 사람, 소음, 요란한 음악, 설렘……. 팔로마는 창문에서 돌아서서 창문을 닫고 그녀의 옷을 보았다. 파란색 레이스와 리본이 있는 흰색 옷이었다. 팔로마는 그동안 그 옷을 미리 입어 보면서 자신이 아름답다고 느꼈다. 오늘 그녀는 안경을 낄 필요가 없다. 왜냐하면 그녀는 주변의 모든 어린이와 함께 말이 끄는 수레에 앉을 예정이기 때문이다. 그녀의 부모님과 두 여

동생은 의자에 앉아서 보고 있었다. 도시의 다른 지역에서 온 15개의 수레가 있었고 그들은 거리를 따라 도시 아래 보이는 하얀 작은 교회 끝까지 행진했다.

매년 도시의 어른들은 무어 족과 크리스마스 축제에 대해 아주 많은 기대를 가졌다. 팔로마는 이 축제가 지역 역사와 관계가 있다는 것을 알았다. 스페인을 정복한 무어 족은 기독교도들에게 패배한 역사가 있다. 매년 그들이 행진에 내세울 중요한 사람을 선택할 때 가장 먼저 내세우는 사람은 무어 족의 족장이었다. 그는 모든 남자들의 맨 앞에서 행진했다. 그 뒤로 기독교인 그룹이 뒤따르고 그들은 빛나고 화려한 옷을 입고 있었다. 대부분의 사람은 무어 족과 크리스마스 역사를 생각하지 않고 꽃수레, 옷, 행렬, 축제만 생각했다.

주요 행렬은 두 편으로 나뉘었다. 커다란 의자에 앉아 있는 첫 번째 족장과 함께 한 무어 족은 4륜 마차로 만들어진 수레 위에서 군인에게 둘러싸여 있다. 보병이 이를 뒤따르고 있었다. 그들은 시간에 맞추어 행렬의 길을 따라 천천히 행진했다. 그때 말이 도착했다. 말에는 조련 전문가가 타고 있는데 정말 멋있는 스페인 말이었다. 행렬 두 부분 사이를 위아래로 질주했다. 기독교인 그룹은 그다음 차례였다. 아름다운 옷을 입은 상관이 크고 힘찬 음악과 함께 시간에 맞추어 천천히 걷는 보병을 따랐다. 금년에는 최소한 세 개의 밴드가 앞에 하나, 뒤에 하나, 끝에 하나 있었다. 그들 뒤에는 아름다운 옷을 입은 어린이들이 수레 위에 앉아 있었다.

팔로마에게 오늘은 아주 특별한 날이었다. 처음으로 전에 알고 있던 다른 어린이들과 함께 행렬 끝에 있는 수레에 앉게 되었다. 그들은 관람을 하고 있는 아이와 어른에게 사탕을 던져 주며 작은 도시를 따라 행진했다. 이전에 그녀도 축제 관람을 하며 사탕을 잡으려고 노력하는 작은 아이 중 하나였지만 오늘은 특히 잊을 수 없는 날이었다. 그녀 생애의 첫 번째 행진을 한 날이기 때문이다.

Global Citizenship for
Young Children

활동

팔로마가 축제일 아침에 일어났을 때나 준비할 때 그리고 행진이 끝난 후에 어떤 기분이었을지 생각해 본다.

팔로마가 만약 축제 다음 날 우리를 만났다면 우리에게 뭐라고 말할지 생각해 보고 팔로마의 축제에 대한 이야기를 기록해 본다.

학교에서 새로운 축제나 행진을 하려 한다면 무엇을 어떻게 준비해야 하는지 적어 본다. 어떻게 계획하고, 누가 무엇을 하고, 어떤 옷을 입을 것인가와 참가하는 사람의 기분과 관람하는 사람의 기분도 생각해 본다.

지금까지 경험한 축제가 있다면 그에 대해 생각해 보고 축제에 관한 그림을 그려 본다. 음악은 있었는가? 음악이 모든 사람에게 어떤 영향을 주었는가? 어떤 악기를 연주했고 누가 악기를 연주했는가? 사람들이 춤을 추었는가? 그들의 모습은 어떻게 보였는가? 그들은 어떤 옷을 입었는가? 혹시 축제에 참석한 동물이 있었는가? 축제 끝에는 또 다른 행사가 있었는가?

학교에서 참가한 특별한 축제와 행사(놀이축제 날, 기금 모금의 날, 운동회 날, 장기 공연의 날 등)에 대해 생각해 본다. 자신은 축제 때 어떤 역할을 했는가? 아니면 단지 관람만 하였는가? 이에 대한 그림을 그려 보고 왜 그것이 중요한 행사라고 생각하는지 기록해 보도록 한다. 행사를 진행하는 사람들이 어떻게 그것을 계획했는지, 그들이 계획하고 연습하고 모든 것이 잘 진행되도록 노력했을 때 어떤 느낌이었을지 기록해 보도록 한다. 당신은 어떤 역할을 했는가? 모든 사람이 그것이 끝났을 때 어떤 느낌이었을지 기록해 보도록 한다.

다양한 문화 탐구 ― 되돌아보기

　모두 함께 다양한 문화 탐구에 대한 활동을 되돌아 본다. 먼저 아동이 알고 있는 다양한 문화 속 사람의 생활에 대해 이야기 나눈다. 이를 위해 아동이 세계시민교육에 관한 포트폴리오 파일을 점검해 보고 자신의 활동 결과물을 살펴보게 한다. 아동이 새롭게 작업한 것을 자신의 자료에 추가하도록 한다. 대부분의 아동과 함께 작업한 또래 친구는 누구인지 찾아본다. 각 주제에서 가장 기억에 남는 활동은 무엇인가?

　다른 나라에서 우리나라로 이주해 온 사람이 우리나라에서 생활하는 느낌은 어떤지 그리고 우리가 이주민의 다양한 문화를 통해 얻게 되는 유익은 무엇인지 말해 보도록 한다.

　아동이 세계 여러 곳에서 사용하는 놀이와 장난감에 대해 이야기 나눈다. 그들의 오래된 장난감과 놀이의 많은 부분이 세계 여러 나라에서 왔다는 것을 발견하고 그들이 놀랐는가? 그들이 새롭게 알게 된 음식과 세계의 여러 곳에서 생산되는 음식이 어떻게 우리나라로 들어왔는지 생각해 보게 한다.

　우리나라가 비록 경제적으로 여유로운 편이지만, 개발도상국의 부모나 아동은 더 나은 가족의 삶을 위해 함께 열심히 일해야 함에도, 그들의 대가족 관계에서 경험하는 사랑만으로도 서구와 같은 경제적 여유를 누릴 수 있음을 상기시킨다. 아동이 '세계 여러 나라' 활동 자료를 사용하여 다른 나라 사람의 삶에 대해 알고 있는 것을 기록하게 한다.

 참여하기

　다른 나라 사람의 삶의 방식과 그들이 살아가는 다양한 삶의 형태를 존중하는 것은 그들 삶을 이해하고 받아들이는 것임을 이야기한다. 우리 모두가 다른 나

라 사람의 가치를 인식하는 세계시민의 일원으로서 그들을 인정하고 그들을 세계시민 공동체로 받아들일 것을 다짐한다.

 세계시민의 과제

우리나라 사람 중 일부는 다문화 가족에게 공정하게 대하지 않는다는 것을 아동에게 상기시킨다. 아동이 다문화 가족을 긍정적으로 받아들인다면 우리 사회는 더 좋아질 것이다. 모든 사람이 세계 여러 나라에서 온 사람을 공정하게 대하고 그들의 어려움을 공감하는 것이 우리가 사는 세상을 더 좋고 더 공정한 곳으로 만들 것이다. 그들이 우리 사회의 미래다. 우리 모두의 손에 우리 사회의 미래가 달려 있다.

해리그

　해리그라는 이름의 친구가 달나라에서 왔다고 상상해 보자! 가운데 원에 해리
그의 모습을 그리고 네모 상자에 글을 완성해 본다.

　추가 작업으로 다른 활동지에 해리그의 또 다른 이야기를 기록해 본다.

 새로운 놀이

짝을 지어 다른 나라 아동을 위한 카드 놀이나 보드게임을 만들어 보고 그것을 가지고 놀이하는 모습을 그려 본다. 추가 작업으로 다른 활동지에 다른 나라 아동이 놀이하기 위해 사용하는 것은 무엇이고 어떻게 노는지, 놀이의 규칙에는 어떤 것이 있을지 적어 본다.

세계 여러 나라

세계 여러 나라에 사는 사람들에 대해 알고 있는 것을 생각해 보고 빈칸에 그림이나 글을 써 본다.

다른 나라의 음식이에요.	다른 나라의 과일과 채소예요.
다른 나라 사람이 입는 옷이에요.	다른 나라의 축제예요.
다른 나라의 악기예요.	다른 나라의 장난감이에요.

05

민주주의

초점

이 장에서는 민주주의가 어떻게 모든 사람으로 하여금 세계시민이라는 인식과 가치를 갖도록 도와주는지 살펴볼 것이다. 특히 아동은 다음 개념에 대하여 알게 될 것이다.

- 민주주의
- 표현의 자유
- 도덕적 행동
- 대중매체
- 화폐와 자원
- 공정 거래
- 투표
- 정치가
- 안전보장

아동에게 이 장에서의 모든 활동 결과물을 세계시민교육 활동 포트폴리오 파일에 모아 두어야 한다는 것을 알려 준다.

이 장 끝에 있는 '나의 권리와 의무', '민주적인가, 비민주적인가?', '용돈 기록장', '나의 공약서' 활동지를 활용한다.

Global Citizenship for
Young Children

 ## 민주주의 — 유아

민주주의

유아에게 '민주주의'라는 말을 들어 보았는지, 그 의미에 대해 알고 있는 것은 무엇인지 질문해 본다. 유아에게 민주주의가 추구하는 '공정'의 의미가 무엇인지 설명해 준다. 민주주의 국가에서 국민은 자기 나라를 책임질 정부를 선택하고 정부는 법률을 세우고 이를 지속적으로 유지하기 위해 노력한다. 이를 통해 민주주의 국가에 사는 사람들은 자유로운 생활을 누리고, 국가는 모든 국민을 위한 공정한 행정을 위해 일한다.

유아와 함께 유치원이나 어린이집의 하루일과에 대해 이야기 나눈다. 우리 교실은 과연 민주적으로 운영되고 있는가? 모든 유아가 동등하다고 느끼고 있는지, 교실에서 지켜야 하는 규칙이 모든 사람에게 공평하게 적용되고 있는지 물어본다. 국가를 통치하는 대통령은 사회에 존재하는 모든 법률을 알고 있어야 하며, 사회 상황이 변한다면 그에 맞는 법률을 만들기 위해 법칙을 개정할 수 있다는 것을 유아에게 설명해 준다.

우리는 놀이할 때 규칙을 가끔 바꾸기도 해요. 이번 놀이는 네 사람이 하는 것보다 두 사람이 하는 것이 훨씬 낫다고 생각해서 그렇게 놀아요.

유아와 교실에서 지켜야 하는 책임과 권한에 대해 이야기 나누어 보고, 그에 대한 목록을 만들어 본다. 유아가 이야기할 수 있는 교실 내 책임과 권한의 예로는 자유선택 활동하기, 바깥놀이 하기, 실험하기, 선생님 도움 받기, 친구들을 공평하게 대하기 등이 있다. 이 장 끝에 있는 '나의 권리와 의무' 활동지를 활용할 수 있다.

교실에서 유아에게 주어진 책임에 대해 이야기 나눈다. 교사가 유아에게 기대하는 행동은 무엇인가? 예를 들면, 이야기를 나눌 때 주의를 기울여 듣고, 조용히 놀이하고, 다른 사람을 방해하지 않는 것 등이다. 유아가 지켜야 하는 책임 있는 행동을 목록표로 만들도록 한다. 이것은 선생님이 교실에서 지켜야 하는 책임과 동일한가?

민주주의 사회에서는 모든 사람이 공평하게 대우받을 권리를 가진다는 것을 유아에게 상기시킨다. 하지만 아직도 민주적으로 운영되지 않는 나라에 사는 많은 사람은 종종 공정한 대우를 받지 못한다는 것을 설명해 준다.

민주주의 — 아동

민주주의

아동에게 '민주적인가, 비민주적인가?' 활동지를 완성해 보도록 한다.

민주주의(democracy)[1]라는 말은 그리스어에서 왔다. 민주주의란 국민이 특정 나라를 형성하기 위해 선택한 국가 통치의 형태와 정치제도를 말한다. 민주주의 국가에서 공무원은 자신의 판단이 때때로 국민의 의견을 경시하지는 않는지 정기적이고 직접적으로 확인함으로써 국민의 요구를 반영하여야 한다. 또한 아동에게 현대사회에서 민주주의는 개인의 자유를 보장함과 아울러 국민에게는 자신의 생애를 영위하고 자신의 일을 선택하고 책임질 권리가 있다고 설명한다. 민주주의는 인간이라면 누구나 법 앞에 공평하다는 의미를 갖는다. 그에 따라 국민은 정부를 위한 투표권을 갖는다. 그리고 시민은 교육과 보건 의료의 권리를 갖는다.

이러한 특징은 역사적인 문서(예를 들면, 미국 독립선언서)를 통하여 줄곧 공포되어 왔다. 이러한 문서에는 모든 국민의 삶과 자유와 행복 추구 권리를 주장하고 있다. 프랑스 인권선언문은 시민 모두가 법 앞에서 공평하고 자유롭다는 원칙을 확인해 준다. 이는 대서양헌장에서도 마찬가지다.

아동과 국가의 민주주의와 학교의 민주주의가 갖는 의미에 대해 이야기 나눈다. 국가에서는 누가 법칙을 만드는가? 우리 학교에는 학교 운영위원회가 있는가? 학교 운영위원회가 있거나 아동이 자신의 학급을 대표할 다른 방법이 있다

---

1) 민주주의를 뜻하는 democracy는 그리스어 demos(사람들)와 Kratein(통치하는 것)에서 유래되었다.

면, 이러한 사람은 어떻게 선발되고 그들이 무엇을 하며 모든 사람을 위해 어떻게 학교를 공정하게 운영해 나가는지 이야기한다.

　아동에게 두 명씩 짝지어 지역의 민주주의 제도에 대해 새롭게 알게 된 것은 무엇인지 질문한다. 학교의 운영위원회가 실례를 제공해 줄 것이다. 학교제도가 어떻게 역할을 하고 역량 있는 사람들이 어떻게 선발되며 그들은 무엇을 하는지 설명하기 위해 학교에서 활동하는 사람을 초대하여 이야기 나누어 볼 수 있다.

 가정 연계 활동

　아동에게 다른 국가가 어떻게 다스려지는지, 그 나라에서는 언제 민주주의 제도가 출발하였는지 알아보도록 한다. 세계 여러 나라 중 어떤 나라가 민주적으로 운영되고 있으며 어떤 나라가 그렇지 않은지 조사하고 나라별 목록을 만들어 보도록 한다. 아동은 책이나 백과사전 혹은 인터넷을 사용할 수 있다. 가정에서 조사해 온 활동을 교실에서 하나의 자료로 모아 전시할 수 있다.

Global Citizenship for
Young Children

민주주의 — 유아

표현의 자유

유아에게 '표현의 자유(free speech)'라는 말이 무슨 의미인지 생각해 보도록 한다. 표현의 자유란 우리가 어떤 말이라도 자유롭게 할 수 있다는 뜻인가? 우리가 말하는 것이 항상 사실이어야만 하는가? 다른

사람의 감정을 상하게 하더라도 진실이라면 말해도 되는가?

우리가 평소에 자주 사용하는 말에는 어떤 것이 있는지 이야기 나눈다. 어떤 말은 다른 사람을 기분 좋게 만들 수도 있고, 기분 나쁘게 만들 수도 있다. 유아에게 좋은 말과 나쁜 말의 종류에 대해 목록을 만들어 보도록 한다.

어떤 말을 할 때 다른 사람의 기분을 좋게 만드는지 생각해 본다. 유아가 다른 사람과 이야기 나눌 때 그들의 목소리를 어떻게 활용하는지 생각해 본다. 친절한 목소리가 친절하게 들리고 불친절한 목소리는 같은 내용이더라도 불친절하게 들리는 이유는 무엇일지 생각해 보자. 유아가 사용하는 목소리와 몸짓이 그들이 사용하는 말만큼이나 중요하다는 것을 이해하도록 도와준다. 이런 비언어적 의사소통은 그림책을 읽고 동극할 때와 동일함을 이해시킨다.

주변의 종종 진실하지 않은 사람에 대해 생각해 본다. 만약 어떤 사람이 거짓말을 한다면 유아는 어떤 기분이 드는지 이야기해 보도록 한다. 다른 사람의 말을 어떻게 믿을 수 있는가? 어떤 사람이 자신과 가족에게 불친절한 말을 했다면 어떤 기분이 드는가? 이런 경우를 그림으로 표현해 본다.

유아가 아는 사람 중에 우리와 다르게 몸이 불편하거나 생김새가 다른 사람이 있는지 생각해 보게 한다. 아마 그들은 우리가 하는 말을 인지적으로 이해하지 못하거나 신체에 어떤 병을 앓고 있을 수도 있다. 사람들이 그들의 차이에 대해 친절하지 않은 말을 한다면 그 사람은 어떤 기분일지 생각해 본다.

유아와 함께 자신이 믿는 종교와 다른 종교를 믿는 사람에 대해 생각해 본다. 사람들이 자신이 믿는 종교에 대해 불친절하게 말한다면 어떤 기분일까? 피부색과 인종에 대해서도 같은 질문을 해 본다.

우리나라에서는 진실을 말하는 것을 대체로 보장하지만 다른 나라에서는 정부 또는 다양한 종교에 대해 정직하게 이야기하는 것이 결코 허용되지 않는다는 것에 대해 설명한다.

민주주의 — 아동

표현의 자유

앞에서 유아와 함께 다룬 주제에 대해 이야기하고 반대 토론을 제안한다.

> '진실을 말하는 자유는 항상 옳다.'
> '진실을 말하는 자유는 항상 옳지 않다.'

진실을 말하는 자유가 항상 옳다는 편과 그렇지 않다는 편으로 나누어 토론해 본다. 두 개의 목록을 만들어 아동에게 질문해 본다. 아동은 두 가지 상황을 모두 이해할 수 있는가?

약자를 괴롭히는 말, 상처를 주는 말, 인종이나 피부색에 대한 이야기 등 다른 사람에게 말할 때 주의를 기울여야 하는 것으로는 무엇이 있는지 생각해 보고 그것을 목록표로 만들어 본다.

만약 사람들이 이런 관습을 무시하거나 목록에 있는 것에 관해 너무 대담하게 말한다면 다른 사람에게 어떤 영향을 미칠지에 대해 토론해 본다. 그들의 말은 단지 다른 사람의 감정을 상하게 하거나 좀 더 조심해야 할 결과만을 가져올 것인가?

아동에게 진실하기 위해 필요한 것에 대해 생각해 보도록 한다. 거짓으로 "늑대다!"라고 소리친 양치기 소년의 이야기에 대해 생각해 볼 수 있다. 특히 작은 거짓말이 연못의 잔물결처럼 멀리 퍼져 나간다면 장차 자신과 타인을 곤경에 빠트리는 결과를 가져올 수 있다는 것을 설명한다.

아동에게 '비방'과 '중상모략'이 무슨 뜻인지 알아보게 한다. 사람들이 이와 같은 말을 할 때 발생할 수 있는 결과에 대해 토론해 본다. 말하는 자유 또는 표현의 자유는 특정인을 비방하는 경우나 국가 보안과 같이 정당하게 제한되어야 하는 경우를 제외하면 항상 바람직하다는 것을 설명한다.

 가정 연계 활동

아동에게 가족의 도움을 받아 누군가를 위험에 빠뜨리게 하는 말에는 어떤 것이 있는지 조사해 보도록 한다.

민주주의 — 유아

도덕적 행동

우리가 모든 나라 사람을 호의적으로 대하고 매사에 정직하고, 진실하고, 착하고, 공정하게 대한다면 세상이 좀 더 살기 좋은 곳이 될 수 있다는 것에 대해 이야기 나눈다. 이런 역할은 유아가 이해하기 쉽지 않지만 다음 이야기를 통해 설명할 수 있다.

 정직

브라운 선생님은 유아들이 그린 그림을 말리기 위해 항상 선반 위에 올려놓는다. 어느 날 제임스는 그의 젖은 그림을 그곳에 놓았는데 마침 사라의 그림과 맞닿아 길게 검은 자국이 남게 되었다. 제임스는 당황하여 무엇을 어떻게 해야 할지 몰랐다. 아이들이 자신의 그림을 집에 가져가기 위해 정리하고 있을 때, 사라는 자기의 그림이 망가져 있는 것을 보고 몹시 화가 났다. 사라는 브라운 선생님께 누가 그렇게 했는지 알아봐 달라고 했다. 아무도 말하는 사

나는 제임스가 사라에게 '미안해'라고 얘기해야 한다고 생각해요.

람이 없었다. 제임스는 바닥을 쳐다볼 뿐이었다. 제임스는 무엇을 해야 할지 몰랐다. 그는 꾸지람을 듣고 싶지 않았다.

유아에게 제임스의 행동에 대해 어떻게 생각하는지 물어본다. 제임스는 잘한 것인가? 무엇이 정직한 것인가? 유아에게 제임스가 무엇을 해야 하고 무엇을 해서는 안 되는지에 대해 질문한다. 제임스가 문제 상황을 해결하기 위해 어떻게 해야 하는지 유아에게 질문한다. 그리고 유아가 생각하는 것을 글과 그림으로 표현하도록 한다.

 도둑질

브라운 선생님의 교실에서는 유아가 장난감을 유치원에 가져오는 것이 허락되지 않는다. 그러나 자기 생일에는 꼭 한 개의 장난감을 가져올 수 있다. 아지프의 생일에 그는 작은 레고 신형 장난감 세트를 친구에게 보여 주기 위해 가져왔다. 놀이시간 후에 아지프는 그것을 교구장 위에 올려놓았다. 그런데 집에 갈 시간이 되었을 때, 레고 세트 중 사람 모형 블록 하나가 없어졌다. 아지프는 매우 당황했다. 선생님은 누가 작은 사람 모형 블록을 가져갔는지 물어보았다. 아무도 대답하지 않았다. 그러나 레이철은 그녀의 주머니에 있는 작은 사람 모형 블록을 손가락으로 만지작거렸다. 그녀는 무엇을 해야 할지 몰랐다. 선생님은 이것이 도둑질이라고 말했고, 아이들에게 그것이 어디에 있는지 물었을 때 레이철은 모른다고 말했다.

유아와 함께 레이철이 어떻게 행동해야 했는지에 대해 이야기 나눈다. 유아에게 우리의 생활에서 정직과 진실의 중요성에 대해 강조한다. 모두가 인정할 만한 세계시민이 되기 위해서는 사람에게 진실하고 정직하며 선한 도덕성을 가져야 한다고 설명한다.

민주주의 — 아동

도덕적 행동

앞서 제시한 두 개의 사례에 대해 아동과 토론해 본다. 그리고 제임스와 레이철의 도덕성에 대해 그들이 어떻게 생각하는지 이야기 나누어 본다. 아이들이 꾸지람을 듣는 것을 두려워하기 때문에 가끔 거짓말을 한다는 것을 인식하게 한다. 이와 더불어 아동에게 좋은 도덕적 가치와 성품이 일상생활 속에서 형성되도록 반복해서 지도하고 이해시킨다.

아동에게 진실과 정직이 얼마나 중요한지에 대해 이야기해 준다. 아동에게 부정직하고 거짓말하고 싶은 유혹을 받았을 때가 있었는지 생각해 보게 한다. 아동이 이러한 경우에 무엇을 느꼈으며 어떻게 행동했는지 이야기할 수 있는가?

아동에게 등장인물 중 누가 부정직하거나 진실하지 않았는지에 대해 생각해 보고 인물의 특징이나 잘못한 점에 대해 말해 보도록 한다. 또한 등장인물이 부정직하거나 거짓말하지 않았다면 어떠한 행동을 했을지 생각해 보고 기록해 보도록 한다. 이를 위해 유아와 원래 이야기를 재구성하는 작업이 필요할 것이다.

가정에서 신문을 준비해 오게 한다. 아동에게 짝을 이루어 다른 사람의 것을 훔치거나 강도질하거나 싸우는 것 등 누군가 다른 사람을 다치게 하거나 해를 주는 행동에 대한 기사를 찾도록 한다. 그리고 아동이 그 사건의 희생자인 것처럼 사건을 기술해 보고 사건에 대한 자신의 기분을 써 보도록 한다.

일부 공공 기관이 항상 도덕적으로 정직하지 않을 수 있으며, 정부 역시 우리가 정직하고 진실하다고 믿고 싶으나 경우에 따라서는 그렇지 않을 수도 있다. 심지어 일부 다른 나라의 정부는 타락하고 도덕적으로 위험하다는 것을 설명한다. 정부가 도덕적으로 올바른 방식으로 나라를 다스리지 않을 때 사람들에게 미치는 영향은 무엇일지에 대해 토론해 본다.

 가정 연계 활동

아동에게 우리나라 또는 다른 나라가 도덕적으로 부패한 것처럼 여겨지는 사건에는 어떤 것이 있는지 가정에서 조사해 오도록 한다. 왜 사람들이 그런 일을 하게 된다고 생각하는가? 그들의 잘못된 행동이 우리에게 주는 영향은 무엇인가? 가정에서의 조사활동 후에 학교에서 함께 이 문제에 대해 토론해 본다.

 민주주의 — 유아

대중매체

유아에게 TV에서 본 광고 중에 어떤 광고가 생각나는지 질문한다.

유아의 대답을 모아 음식, 음료, 장난감 등으로 분류해 본다. 유아가 TV에서 본 광고는 모두 진짜 같은지 물어 본다. 광고에서 하는 말이

나는 TV 광고가 우리에게 자기 회사 장난감을 팔려고 노력하고 있다고 생각해요.

정직하다고 생각하는지 질문한다. 예를 들면, 유아가 아침식사용 시리얼을 먹으면 광고에서 말하는 것처럼 그렇게 된다고 생각하는가?

유아에게 눈을 감고 기억나는 TV 광고를 생각해 보고 광고 중 가장 기억나는 장면을 말해 보게 한다. TV 광고 중 생각나는 것을 그려 보고 그것이 좋은 광고인지 아닌지, 그리고 유아가 광고를 보고 난 후 그 상품을 사고 싶어졌는지에 대해 기록해 보도록 한다.

이야기 나누기 시간에 유아가 그린 그림과 글을 살펴보고 어떤 것이 진짜 의미 있는 광고인지, 어떤 것이 아동에게 물건을 사 주도록 부모를 설득하는 광고인지 구분해 본다.

신문에서 본 광고에 대해 이야기 나눈다. 신문광고가 항상 진짜인지, 어떤 광고가 진짜보다 더 상품을 좋게 보이게 하는지에 대해 이야기 나눈다. 왜 그것이 가능한지 생각해 본다.

TV에서 본 뉴스에 대해 이야기 나눈다. 뉴스에 대해 유아는 어떻게 생각하는가? 뉴스는 항상 진실한가? 광고가 사람들에게 실제보다 더 진실한 것처럼 믿도록 하기 위해 노력한다는 것을 이해하는가? 유아가 TV나 신문에서 본 것을 믿기 전에 한 번 더 주의 깊게 생각해야 한다는 것을 상기시킨다.

Global Citizenship for
Young Children

민주주의 — 아동

대중매체

대중매체에 관한 활동을 하기에 앞서 제시된 활동을 참조한다.

슈퍼맨이 날아다니거나 외계인이 마술하는 것처럼 우리가 보고 있는 모든 것이 항상 가능하지는 않다는 것을 알고 있지만 TV가 실제처럼 보이도록 화면을 어떻게 변화시킬 수 있는지에 대해 이야기 나눈다. 아동에게 TV에서는 볼 수 있지만 현실에서는 불가능한 것은 무엇인지 예를 들어 보게 하고 그에 대해 이야기 나누어 본다.

보통 영화나 TV에서 보는 것이 일부 마술과 같은 것도 있지만 실제 생활은 마술과는 다른 면이 있고, 때론 광고주가 진실하지 않은 것을 진짜인 것처럼 생각하게 한다는 것을 설명해 준다. 광고주가 아동이 부모를 설득하여 물건을 사게 하려고 로봇이나 장난감과 같은 상품을 다른 물건과 같이 묶어 파는 세트 상품으로 만들어 마케팅에 활용하는 판촉방법을 사용한다는 것에 대해 아는지 질문한다.

모든 광고의 목적은 소비자로 하여금 물건을 사도록 설득하는 것이므로 우리는 광고의 속성을 바르게 알아야 하며 부적절하거나 불필요한 것을 사도록 하는 유혹에 빠지지 말아야 함을 설명한다.

TV 쇼핑 채널을 통해 물건을 사는 경우의 장점과 사람들이 품질이 좋은 물건인지 직접 보거나 만질 기회를 갖지 못한 채 물건을 사야 하는 등 그 단점에 대해서도 이야기 나눈다. 사람들에게 도박을 하게 하는 인터넷 게임이나 TV 프로그램에 대해서도 이야기 나눈다. 해당 광고주가 그것을 통해 얼마나 돈을 버는지 알아볼 방법은 무엇인지에 대해 이야기 나눈다.

사람들에게 더 많은 신문을 팔기 위해 사건이나 뉴스거리를 대단한 듯이 싣는 신문을 찾아 학교에 가져오게 한다. 이들 신문의 기사 작성에 관한 윤리에 대해 이야기해 보고 때때로 엄격한 기준에 어긋나거나 진실하지 않은 내용이 보도되는 경우가 있음을 설명한다.

 가정 연계 활동

아동에게 TV나 신문 혹은 잡지에 수록된 기사를 주의 깊게 보도록 하고 아동으로 하여금 물건을 사도록 부모를 설득하는 광고의 목록을 만들어 보게 한다. 작성한 목록은 학교에 가져와서 교실에서 함께 나누게 한다. 이를 활용하여 좋은 상품, 나쁜 상품 또는 좋지 않은 광고에 관한 목록을 만들고, 여백에 말풍선을 그려 넣어 그 안에 경고문을 만들어 붙여 보게 한다.

민주주의 — 유아

화폐와 자원

　유아 중에 부모에게 용돈을 받아
본 사람이 몇 명이나 되는지 확인
한다. 용돈을 받기 위해 어떤 일을
해야 한다면 유아가 할 수 있는 일
이 무엇인지 이야기 나누어 본다.
유아가 용돈을 받으면 그것으로 무
엇을 하는지 물어본다.

나는 내 인형을
바비 인형과
맞바꾸고 싶어요.

　갖고 싶은 물건을 사기 위해 돈
을 모은 적이 있는가? 우리 가족에게 꼭 필요한 것을 얻기 위해 부모님이 다른
사람에게 큰돈을 빌린 경험이 있는가? 돈을 빌리고 갚는 이유에 대해 이야기해
보고 은행은 돈이 필요한 사람에게 빌려 주는 곳이라는 것을 설명한다. 어른이
집을 사거나 차를 살 때 일부 금액만 내고 나머지는 몇 년에 걸쳐 갚으며, 은행
에서 돈을 빌리면 사람들은 그 돈을 갚을 때까지 이자를 낸다는 것을 설명한다.
　유아에게 돈은 어떤 원하는 것을 얻기 위한 대가로 사용되며 세계 여러 나라에
각기 다른 화폐가 있다는 것을 설명한다. 옛날 사람들이 돈이 없었을 때 어떻게
했을지 이야기 나누어 보고 그들이 원하는 것을 얻기 위해 물물 교환이나 교역
을 했다는 것을 설명한다.
　유아에게 자신이 원하는 것을 얻기 위해 물건을 교환했던 경험이 있는지 질문
한다. 그런 경험이 있다면 글과 그림으로 표현해 보게 한다.
　유아에게 각 나라는 그 나라가 가진 화폐, 금, 가치 있는 물건, 석유, 지하자원

등에 따라 부유하거나 가난할 수 있다고 설명한다. 이러한 재정적 자원은 그 나라 사람을 위한 음식, 장비와 같은 다른 물건을 살 수 있게 해 준다는 것을 설명한다.

각 나라가 보유하고 있는 식물이나 재배하는 작물, 지하에서 캐낸 광물과 다른 나라에는 없는 기술 등도 그 나라만의 자원이라는 것을 이야기해 준다. 유아와 자신의 가족만이 가지고 있는 재능과 보물이 있다면 그것이 무엇인지 그림으로 그리고 간단한 설명을 쓰게 한다(예를 들면 '우리 아빠는 요리를 잘해요' 등).

민주주의 — 아동

화폐와 자원

아동과 함께 은행이 하는 일이나 금융 체계에 대해 이야기 나누어 본다. 아동에게 은행이 돈을 저축한 사람에게는 이자를 주고 돈을 대출해 준 사람에게는 이자를 받는것을 아는지 물어본다. 아동이 평소에 너무 많은 돈을 가지고 있다면 그것으로 무엇을 할 것이고, 반대로 필요하거나 원하는 것을 살 수 없을 정도로 전혀 돈이 없다면 어떻게 할지 질문한 후 이에 대한 생각을 활동지에 기록해 보도록 한다. 연관 활동으로 활동지 한쪽에는 여분의 돈으로 무엇을 할지 기록하고, 다른 한쪽에는 돈이 필요하다면 그들이 어떻게 할지 기록해 보도록 한다. 그리고 이에 대해 토론해 본다. 용돈의 예산에 대해 이야기하고 용돈 운영에 관한 계획을 세우도록 한다. 활동지를 양쪽으로 나누어 한쪽은 수입, 다른 한쪽은 지출을 적어 용돈을 어떻게 기록하는지 알려 준다. '용돈 사용 계획' 활동지를 활용한다.

각 나라의 정부 자체는 돈을 갖고 있지 않다는 것을 설명한다. 나라에서 사용하는 돈은 모두 국민에게서 세금으로 거둔 돈이다. 국가는 예산을 세워 세금을 걷어야 하고 그에 따라서 지혜롭게 돈을 사용해야 한다. 아동에게 정부가 돈을 어디에 어떻게 사용할지 예상해 보고 사용처에 대한 목록을 만들어 보도록 한다. 예를 들면, 보건 · 의료, 교육, 건설 등에 사용된다. 이것은 지방정부도 동일하다는 것을 설명한다. 지방세로 거둘 돈과 지방의 시설에서 사용할 돈의 예산을 세우고 수입과 지출에 맞추어 예산서를 작성해 본다.

아동에게 짝을 지어 '땅에서 나온 천연자원, 땅에서 재배한 것, 공장에서 제조한 상품, 우리나라에만 있는 독창적인 기술' 등의 4개 제목으로 나누어 우리나라에 있는 자원 목록을 만들어 보게 한다. 아동의 생각을 함께 나누어 보고 필요하면 아이디어를 첨가한다.

모든 나라는 자국의 이익을 위해 사용할 수 있는 천연자원이 있지만 어떤 경우 이것이 특정한 소수 사람의 소유가 되어 그들만의 이익를 위해 사용되기도 한다는 점을 설명한다.

 가정 연계 활동

아동에게 자신이 선택한 나라의 화폐와 천연자원을 조사해 보도록 한다. 교실에서 숙제해 온 것을 모으고 각 나라의 자원 목록을 만들어 본다. 조사한 나라 중 가장 자원이 풍부한 나라는 어떤 나라이고 자원이 가장 부족한 나라는 어떤 나라인가?

민주주의 — 유아

공정 거래

유아에게 우리나라에서 재배·생산되는 음식이나 상품(농수산물, 공산품 등) 중 다른 나라로 수출되는 물건에는 무엇이 있는지 알아보고 목록을 만들어 보게 한다. 선진국에서는 물건을 생산하는 사람들이 공정한 임금을 받고 좋은 근무환경에서 일하도록 돕는다는 것을 설명한다. 왜냐하면 정부가 일하는 사람을 위해 꼭 받아야 하는 최저임금을 정하기 때문이다. 하지만 어떤 나라에서는 그렇지 않은 경우도 있다는 것을 말해 준다.

어떤 개발도상국에서는 아동이 공장에서 물건을 생산하는 일을 해야만 하는 경우도 있다. 그들의 가족에게는 아동이 벌어오는 아주 적은 돈조차 유용하기 때문이다. 아동을 고용하는 사람은 어른만큼 많은 돈을 지불할 필요가 없기 때문에 그들을 고용한다. 아동이 돈을 번다는 것은 그들이 돈을 벌기 위해 일해야 하므로 학교에 갈 수 없음을 의미하며, 그로 인해 어른이 되었을 때 좋은 직업을 얻을 기회를 잃게 될 수 있음을 의미한다.

실제로 어떤 나라에서는 아주 어린아이도 일해야만 한다는 것에 대해 이야기해 준다. 『물의 아이들(The Water Babies)』이라는 책의 톰 이야기를 유아에게 들려주고 상기시킨다. 아동에게 노동을 시키는 사람은 그들의 신체가 작기 때문에 할 수 있는 일이 많아 유용하다고 생각한다는

것을 알려 준다. 그래서 어떤 아이는 공장에서 실타래 또는 쓰레기를 줍기 위해 기계 금속 사이를 뛰어다니고 또 어떤 아이는 농장에서 수확물을 줍는 일을 한다. 하지만 오늘날 세계 여러 나라에는 아동의 노동을 금지하고 모든 아동이 교육을 받기 위해 학교에 다녀야 한다고 명시한 법이 제정되어 있다.

유아에게 '공정무역 인증 마크'를 보여 주고, 식품 생산자가 재배한 물건을 합당하게 슈퍼마켓에 팔 때 공정한 가격을 받을 수 있도록 식품에 이 마크를 붙인다고 알려 준다. 유아에게 가정의 냉장고에 있는 식품 중 이런 마크가 있는 식품에는 어떤 것이 있는지 찾아보고 가능하다면 그 식품의 포장이나 상자를 집에서 가져오도록 한다.

칠판에 공정무역 인증 마크 그림을 붙여서 유아가 관찰할 수 있게 한다. 유아와 이 마크가 부착된 식품을 관찰하고 그려 보며, 왜 그러한 표시가 붙어 있는지 이유를 생각하여 써 보게 한다.

Global Citizenship for
Young Children

민주주의 — 아동

공정 거래

공정 거래에 관한 교수-학습 자료를 위해 관련 웹사이트(http://www.papapaa.org)를 방문한다.

> 물건을 살 때 주로 관심을 갖는 것은 무엇인가? 물건의 모양인가? 싼 가격인가? 원산지나 재배자 또는 제조자는 누구인가? 혹시 물건을 살 때 물건 가격은 공정한지 생각해 보는가? 사람들이 물건을 공정하게 거래하는 것이 우리에게 중요한가?

아동에게 다음 내용을 토론해 보도록 한다.

공정무역 인증 마크가 붙은 생산물을 제공하는 사람에 대해 이야기 나누어 본다. 많은 나라에서 농작물을 재배하거나 물건을 제작하는 사람이 우리가 물건을 살 때 지불하는 가격보다 아주 적은 액수만을 받게 된다는 사실을 아는가? 어떤 나라에서는 생산자가 상품에 대한 충분한 가격을 받을 수 없어서 매우 가난한 생활을 한다는 것을 설명한다. 예를 들어, 가나의 코코아 재배 농부는 2006년 초 콜릿 판매 금액의 1%만을 얻을 수 있었다. 어떤 아동은 자신의 부모를 위해 일해야 하거나 부모가 수업료를 내지 못해서 학교에 가지 못한다. 공정 거래 제도는 이러한 상황을 바꾸기 위해 시작되었다.

어떤 나라의 정부는 쌀 같은 농작물을 아주 싼 값에 수입하는 것을 허가해 왔다. 하지만 쌀을 재배하는 사람은 구입자가 너무 싼 값에 사려 하기 때문에 공정한 가격을 받지 못한다. 어떤 재배자나 제조자는 자신의 상품에 대한 공정한 가격을 받기 위한 노력으로 협동조합을 결성하기도 한다. 이것이 제 기능을 할 때 사람들은 현재보다 더 나은 삶을 누릴 수 있고 자신의 자녀를 교육받도록 할 수 있다.

아동에게 공정 거래 운동과 세계무역기구(WTO)에 관하여 서적이나 인터넷을 통해 알아보도록 한다. '공정 거래'라는 말을 검색해 보면 공정 거래를 지원하는 사람에 대해 많은 것을 찾을 수 있고 그 나라의 발전을 돕는 방법을 알게 될 것이다.

 가정 연계 활동

앞서 제시된 공정무역 인증 마크의 복사본을 아동에게 나누어 준다. 가게를 둘러보고 이 마크가 있는 식품 목록을 기록하도록 한다. 공정무역 인증 마크가 붙어 있는 식품을 가족에게 이야기하고 그들이 그 물건을 왜 구입하는지 또는 왜 구입하지 않는지 물어보도록 한다. 공정무역 인증 마크가 붙어 있는 식품에 관한 웹사이트를 살펴보고 사람들이 물건을 살 때 생산과정에서 어떤 일이 일어날지 생각해 보게 한다.

민주주의 ― 유아

투표

유아와 함께 여러 의견 가운데 한 가지 의견을 선택해야 한다면 어떠한 방법을 사용할 것인지에 대해 이야기 나눈다. 아이들은 놀이를 하다가 술래를 정하기 위해 제비뽑기를 하거나 가위바위보를 하는데, 유아에게 이것은 자신의 의사를 표현할 수 있는 '기회'라는 것을 설명해 준다.

나는 자밀에게 투표하고 싶어. 하지만 친구들이 내 생각을 몰랐으면 좋겠어.

우리나라에서 대통령은 언제, 어떻게 뽑는가에 대해 유아와 이야기 나눈다. 무기명 투표제도를 설명하고, 다른 사람이 원하는 방식대로가 아니라, 투표자가 원하는 방식대로 투표할 자유가 있다는 것을 설명한다.

유아가 교실에서 투표할 기회가 있는가? 유아와 투표하는 방법에 대해 이야기 나눈다. 투표방법으로 손을 드는 것과 무기명 비밀투표 사이의 차이에 대해 이야기 나눈다. 교실에서 유아가 항상 무기명 투표를 하고 있다면, 다른 투표방법을 생각할 수 있는가?

유아가 가장 선호하는 투표방법에 대해 그림을 그려 보게 한다. 교실에서 특정 유아, 예를 들어 남자아이만 투표하도록 한다면 어떤 기분일지에 대해 이야기 나눈다.

아주 오래전에는 국가 대통령을 뽑을 때 모든 사람이 투표할 수 있었던 것은 아니라는 사실을 이야기해 준다. 한때는 매우 힘 있는 소수의 남자만 투표했고 후에 남자 시민만 투표할 수 있어서 어떤 사람은 그들의 투표권을 사기 위해 뇌물을 주기도 하였다. 여자는 선진국에서도 1918년이 지나서야 투표를 할 수 있게 되었다.

우리 주변에서 투표를 통해 어떤 것이 결정되는지에 대해 이야기 나눈다. 지방선거나 국회의원 선거에서 사람들이 어떻게 투표하는지에 대해 이야기 나눈다. 교실에서 반장을 뽑는 선거를 하여 후보자에게 그 역할을 어떻게 잘 수행할지 공약을 발표해 보도록 한다. 후보자에게 '연설' 준비를 위한 시간을 주고 유아에게 선거를 해 보도록 한다. 공정성을 위해 무기명 투표를 실시한다.

민주주의 — 아동

투표

많은 의견 가운데 모두가 원하는 한 가지 의견을 선택하는 방법인 투표에 대해 이야기 나눈다. 정부를 위해 일할 사람을 선출하기 위해 사람들은 여러 후보의 의견을 들어 보고 투표를 통해 중앙과 지방 정부를 위해 일할 사람을 선택한다는 것을 설명한다.

정치 후보자가 지역 또는 국가 정부에 의해 일꾼으로 선출되기 위해서는 자신이 앞으로 무엇을 하고 무엇을 하지 않을 것인지에 대한 공약을 발표해야 한다고 설명한다. 공약은 자신을 홍보하는 방편이라는 것을 강조한다. 때때로 일부 후보는 그들이 할 수 없는 것임에도 무리해서 할 수 있다고 허위로 공약을 발표하기도 한다. 우리 고장의 일꾼이 우리 지역을 위해 하고 싶어 하는 일은 어떤 것일지에 대해 아동과 생각해 보고, 우리 지역을 위해 꼭 해야만 하는 특별한 일은 무엇인지 목록으로 만들어 보도록 한다. 아동이 모둠별로 아이디어를 내어 가상 후보로서 공약서를 써 보도록 한다. 이에 대해 토론하고 가장 훌륭한 후보를 무기명으로 투표해 본다. 그리고 그 결과에 대해 토론을 한다.

아동에게 지역 TV 프로그램에 출연하여 우리 교실의 학습활동을 소개할 사람을 선택하도록 한다. 이것은 인기 경쟁이 아니고 우리를 위한 리더를 선택하는 것이라고 설명한다. 짝을 지어 학급을 대표하는 리더의 자질을 목록으로 만들어 보도록 한다. 다른 짝의 의견을 모두 모은다. 취합된 리더의 자질을 하나의 목록으로 만들어 게시한다.

투표하기에 앞서 아동을 설득하기 위한 공약서를 적어 보도록 한다. 이 장 끝에 있는 '나의 공약서' 활동지를 사용한다. 이들 공약서를 게시하고 아동에게

네 명의 후보 중에서 투표를 하도록 한다. 선거 전에 네 명의 후보는 자신이 왜 대표가 되어야 하는지 연설해 보도록 한다.

어떤 나라에서는 모든 사람이 투표에 참가할 수 없다는 것을 설명한다. 어떤 나라에서 여자는 여전히 투표할 수 없다. 투표를 위한 가장 기본적인 조건은 읽고 쓰는 능력을 가지는 것이다. 그리고 심각한 범죄를 저질러 법적 처벌을 받고 있는 사람은 대부분의 나라에서 투표권을 박탈당한다.

 가정 연계 활동

아동이 세계지도에서 한 나라를 선택하고 그곳의 민주주의 과정을 조사해 보도록 한다. 가족에게 물어보거나 책과 인터넷을 활용해 조사하게 한다. 학교에서 그들이 알게 된 것을 나누고 토론해 본다.

 민주주의 ― 유아

정치가

유아에게 투표 활동을 되돌아보게 한다. 우리나라에는 여러 주요 정당과 소수 정당이 있다는 것과 이 정당들이 주로 다루기 원하는 정치적 쟁점이 있음을 말해 준다. 예를 들면, 영국의 녹색당은 환경을 보호하기 원하며 노동당은 '노동자'의 권리를 보호하기 원한다. 유아가 우리나라 정부에 속한 중요한 사람들의 이름을 아는가? 유아들과 그들이 어떤 일을 하는지에 대해 이야기 나누어 본다.

지역의 국회의원이
우리를 만나러 왔어요.

국회의사당 그림을 보여 주고, 그곳에서 입법을 위해 일하는 사람들이 국회의원이라고 알려 준다. 영어에서 의회를 뜻하는 parliament라는 말은 좌담이라는 의미의 프랑스어 parler에서 유래되었으며 세계 각국에는 국회가 있다.

각 국가의 국민은 자국의 국회의원이 되길 원하는 사람을 대상으로 투표를 한다. 각 의원은 자신의 지역구에 있는 국민을 위해 일한다. 그들은 정기적으로 국가 운영에 대한 결정을 하기 위해 국회나 지방의회가 열리는 지역으로 간다.

옛날에는 오직 부자거나 학식이 높은 특별한 사람만 국회의원이 될 수 있었다. 하지만 오늘날에는 지역과 나라를 위해 자신이 무엇인가를 할 수 있다는 것을 다른 사람에게 피력함으로써 국회나 지방정부의 의원이 되려는 노력을 할 수 있으며, 사람들은 그들의 이야기를 듣고 투표해 줄 수 있다. 발전 가능성이 있는 국회의원 후보라면 누구나 자신이 나라와 지역을 위해 일할 수 있는 것을 공약을 통해 밝힐 수 있어야 한다.

교실에서 어떤 역할을 해야 할 사람을 뽑아야 한다면 유아가 할 수 있는 일 중의 하나가 투표라는 것을 상기시킨다.

의회의 의원이 되려면 공약서라는 문서를 작성해야 한다는 것을 설명한다. 후보자는 그들 선거구의 모든 사람에게 이것을 확인시킨다. 그리고 여러 사람이 모인 곳에서 자신이 의원으로 선출되면 무엇을 할지에 대한 연설을 하고 청중은 그 이야기를 듣는다. 그리고 마지막으로 투표를 한다.

기회가 된다면 지역 의원을 학교로 초대하여 그들의 업무에 대해 유아에게 설명하는 시간을 갖도록 한다. 유아가 초대장을 만들고 그들에게 질문할 것을 생각해 본다. 이 질문거리는 초대한 사람이 볼 수 있게 칠판에 적어 둔다. 활동 이후에는 유아가 방문객에게 감사 카드를 작성해 전달하도록 한다.

민주주의 — 아동

정치가

아동이 우리나라 정부가 하는 일에 대해 아는 것이 있다면 발표해 보도록 한다. 학교가 위치한 지방자치 단체를 책임지고 맡아 운영하는 기관장의 이름과 소속 정당을 알고 있는가?

우리 지역을 대표하는 셋 또는 그 이상의 정당 이름을 기록하고, 아동을 셋 또는 그 이상의 모둠으로 나누어 각기 다른 정당이 내건 공약을 조사하도록 한다. 학교가 있는 선거구와 집권여당과 의회 지도자의 이름을 아동이 알고 있는지 확인한다. 의원이 실제로 무슨 일을 하는지, 그들의 역할과 책임은 무엇인지, 어떻게 그들이 재원을 마련하는지, 누가 예산을 결정하는지, 어떻게 예산을 사용하는지에 대해 알아본다. 지역 의원이 활동을 기꺼이 도와줄 수도 있다. 교실에서 생각을 함께 나누기 위해 모둠별로 조사한 내용을 활동지에 기록하도록 한다.

정부와 여러 정당의 정치가가 추구하는 주요 정책은 무엇인지에 대해 이야기 나눈다. 의원은 정부를 위한 역할뿐 아니라 우리 지역을 위해 어떠한 일을 하는가? 대부분의 의원은 의회에서 지역과 그들의 직무를 집행하기 위한 일을 한다.

아동과 함께 우리나라의 현재 정부, 집권여당, 내각과 그 주요 구성원과 그들의 역할에 대해 토론해 보도록 한다. 어떻게 국회가 구성되고 누가 책임자인가? TV에서 보도된 국회의 모습은 어떤지도 이야기해 본다.

세계지도를 사용하여 아동이 특정 나라를 선택하고 그곳의 정치 상황을 조사해 보도록 한다. 그들이 선택한 나라는 안정된 정부를 갖고 있는가? 민주주의 국가인가? 권력을 가지고 있는 사람이 그들의 국민을 위해 최선을 다하는가, 아니면 그렇지 않아서 국민이 불안해하는가? 모두 함께 활동의 결과를 공유하고 민주주의 국가에서 사는 유익에 대해 함께 생각해 본다.

 가정 연계 활동

아동들이 우리나라 국회가 언제 어떻게 구성되었는지 조사해 보고 다음 질문에 답해 보도록 한다. 옛날에는 우리나라를 누가 다스렸는가? 첫 의회는 언제 열렸는가? 누가 초대 대통령이었는가? 왜 의회가 만들어졌는가? 옛날에 왕의 역할은 무엇이었는가?

Global Citizenship for
Young Children

민주주의 — 유아

안전보장

우리 지역을 안전하게 지키는 사람에 대해 이야기 나눈다. 유아가 경찰 또는 학교 보안관을 아는가? 그들이 우리 지역과 학교를 안전하게 지키기 위해 무엇을 하는지 이야기 나누어 보고 그들에게 감사편지를 써 보도록 한다. 경찰처럼 우리 지역의 안전을 위해 일하는 다른 사람이 또 있는가? 이런 사람이 주민의 안전을 위해 하는 일은 무엇인지 알아보고 활동지에 기록해 보게 한다.

유아에게 경찰관을 그려 보고 그들이 하는 일을 써 보도록 한다. 그리고 경찰관이 주민의 안전을 지키기 위해 일하는 것 이외에 하는 일은 무엇일지 이야기 나눈다(범죄를 수사하는 일, 범죄를 확증하고 증거 사실을 말하기 위해 법정에 가는 일, 법과 질서를 유지하기 위해 시위가 일어나는 동안 거리를 통제하는 일 등).

이분은 경찰입니다.
경찰은 우리를
안전하게 지켜 줍니다.

죄를 지어 체포된 사람을 재판하기 위해 일하는 사람과 여러 범죄를 해결하기 위해 법원이 하는 일에 대해 설명한다. 치안판사는 지방법원에서 판결을 수행하는 사람이고 경미한 위법 행위를 다룬다. 판사는 국가의 형사법원을 주관한다.

나쁜 운전 습관 때문에 법정에 가야 하는 사람에 대해 이야기 나눈다. 유아와 법정에 가야만 하는 나쁜 행동에는 어떤 것이 있으며 그보다 경미한 나쁜 행동에는 어떤 것이 있는지에 대해 이야기 나누어 본다.

　나쁜 행동에 대한 처벌은 잘못의 정도에 따라 달라진다는 것을 설명한다. 사람들이 아주 크게 나쁜 짓을 하면 그에 따른 처벌도 커진다. 그들은 지역사회에서 사회봉사를 해야 하거나 벌금을 내기도 하지만 심한 경우에는 감옥에 가야 한다.

　유아와 함께 남에게 피해를 주는 나쁜 행동에 대해 생각하고 나쁜 행동에 대한 적합한 벌은 무엇일지 생각해 본다. 그리고 그것을 글과 그림으로 표현해 보게 한다. 나쁜 짓을 했을 때 벌을 받는 것이 옳은지에 대해서도 이야기 나누어 본다.

민주주의 — 아동

안전보장

아동에게 누가 혹은 무엇이 이 나라를 안전하게 지키는지 생각해 보고 목록을 작성하도록 한다. 그리고 그것이 우리에게 무엇을 제공하는지 각 항목에 대해 토론해 보게 한다. 아동이 경찰, 군인, 정보기관, 지역안전 폐쇄회로 TV(CCTV) 등을 언급하는가?

위에 언급한 것은 안전을 보장할 책임이 있다는 것을 상기시킨다. 우리가 집이나 학교에서 어떻게 안전을 보장받을 수 있을지 토론해 보고, 만일 우리의 안전이 위협받는다면 무엇을 해야 할지 이야기 나눈다.

국가의 안전은 누가 보장하는지 토론해 본다. 현재 우리나라의 정부기관 중에 행정안전부가 이를 수행하는 부서다. 아동에게 정부나 행정안전부의 웹사이트에 들어가서 우리 지역과 국가의 현안 문제에 대해 알아보고 다음 질문에 답해 보도록 한다.

- 사람들의 반사회적 활동과 행동을 어떻게 다루어야 하는가?
- 범죄가 계획되고 있다는 것을 안다면 누구를 찾아가야 하는가?
- 범죄가 벌어지는 것을 본다면 어른은 무엇을 해야 하는가?
- 범죄가 벌어지는 것을 본다면 아동은 무엇을 해야 하는가?

아동에게 다음 내용에 대해 토론해 보도록 한다.

경찰관이 지역사회에서 하는 주요한 역할은 우리의 안전을 지키는 것이며, 이를 위해 지역 순찰 활동을 하거나 자주 사건이 일어나는 지역을 대상으로 범죄 예방 활동을 하는 것이다.

 가정 연계 활동

아동에게 자신의 안전을 보장하는 데 무엇이 필요한지 생각해 보게 한다. 다양한 장소에서 또는 여러 가지 위험요소로부터 우리의 안전을 보장해 주는 적절한 기관은 어디인지 물어본다. 다음과 같은 표를 만들고 위험한 여러 장소 또는 위험요소를 추가하여 누가 또는 무엇이 우리를 안전하게 지켜 주는지 적어 보도록 한다.

위험요소	안전을 위해 해야 할 행동	도움을 주는 분들
불	• 화재 조심하기 • 가족을 위해 비상 탈출구 만들기 • 소화기 비치하기 • 화재 시 소방서에 도움 요청하기	• 소방서 • 소방관 • 119
물		
기차		

루시아의 이야기

루시아는 가나의 아샨티 지역에 산다. 루시아는 어렸을 때 카카오를 재배하는 아주 작은 농원에서 부모와 함께 살았다. 아빠가 심은 작은 카카오 나무는 더운 날씨 덕분에 빨리 자랐고, 이내 그녀가 보기에 아주 큰 나무가 되었다. 루시아 가족은 카카오 나무에서 열매와 씨를 얻었다. 그녀는 아직 어린 소녀였지만, 카카오 수확을 위해 부모님을 도왔다.

루시아는 농원에서 카카오 열매를 수확하여 태양 아래 넓게 펼쳐 말리는 것을 도왔다. 부모님은 수확한 카카오 열매를 카카오 분말과 초콜릿을 만드는 네덜란드 로테르담 공장에 팔았다. 루시아 가족 모두는 열심히 일하였지만 열매를 팔아서는 아주 큰돈을 벌 수 없었다. 고작 지난 일 년 동안의 수확으로 얻은 약간의 수입으로 음식과 옷과 약을 살 수 있었다. 이제 다음 수확까지 더 이상의 수입은 없다.

루시아가 가진 것은 많지 않다. 그녀의 몇 벌 안 되는 옷도 대개 다른 사람이 입던 낡은 옷으로, 엄마가 재단하여 그녀에게 맞게 만들어 준 것이다. 루시아 가족이 주로 먹는 음식은 농장에서 키운 몇 가지 채소와 과일이 고작이어서 겉으로 보기에도 아주 가난하다. 그럼에도 루시아는 부모님과 친구들의 사랑을 받는 행복한 소녀였다.

루시아가 더 컸을 때, 그녀는 친구들과 매일 학교에 다니며 공부할 수 있었다. 그리고 좀 더 커서는 학교에서 가나의 식물과 카카오 나무에 관한 많은 것을 배웠다. 그녀는 나무의 성장과 열매 또는 수확을 망치는 여러 식물의 병이나 작물 특유의 향을 살릴 수 있는 발효방법을 배웠다.

그녀가 학교를 졸업했을 때 농장에서 부모와 같이 농사짓기를 원했지만 부모님은 카카오 열매로는 충분한 돈을 벌 수 없다고 생각했다. 그래서 그녀는 다른 직업을 찾아보아야 했다. 그러던 중에 루시아는 그동안 부모님의 농산물 열매를 사 간 사람들이 종종 카카오 열매의 무게를 속였다는 것을 알게 되었다. 농산물을 수매하는 사람들은 지급해야 하는 값보다 훨씬 적은 대가를 지불했고, 따라서 그녀의 부모님은 너무나도 가난한 삶을 산 것이다. 심지어 어떤 해에는 아무것도 받지 못한 경우도 있었다. 그래서 루시아 가족은 음식이나 옷을 살 돈이 전혀 없게 된 것이다. 루시아의 부모에게서 열매를 산 사람들은 그것을 보기 좋게 포장하여 유럽에 팔아 큰 돈을 벌었다. 그들은 아주 부자였다.

그런데 1993년에 모든 것이 변했다. 카카오 농부들은 힘을 합쳤고 공정 거래 조합을 결성했다. 이는 농부 스스로가 모든 농장을 소유하고 관리한다는 것을 의미했다. 그들은 정확한 저울과 눈금을 사용했으며 모든 카카오 열매의 판매를 체계화하여 더욱 공정한 가격을 받을 수 있게 되었다. 그로 인해 규모가 작은 카카오 농장에서 일하는 농부도 지금은 예전에 비하여 매우 나아진 생활을 하게 되었고, 루시아는 다니던 직장을 그만두고 다시 농장에서 일하게 되었다.

몇 년 후 자선단체가 프로젝트를 계획하였고, 그에 따라 카카오 농장의 농부들을 돕는 방법을 찾기 위해 가나에 몇몇 연구원이 방문했다. 그들은 카카오 열매를 시장에 판매한 후에 남은 것을 취합하여 재배자에게 수익이 돌아가게 하는 방법을 찾았다. 카카오 꼬투리는 쓰레기였지만 프로젝트 연구원들은 카카오 꼬투리 껍질이 동물 사료로 사용됨을 발견하였다. 그리고 그들은 껍질을 태운 재를 사용하여 잿물을 만들었는데, 이것으로 유리와 부드러운 비누를 만드는 데 사용할 수 있었다. 또 시장에 팔거나 초콜릿을 만들기에는 품질이 떨어지는 열매에서 추출한 카카오 버터로 바디 크림을 만들 수 있는 방법을 찾아냈다.

현재 루시아의 부모님은 예전에 비하여 더 풍족한 삶을 살고 있고, 루시아는 이웃 청년과 결혼하여 예쁜 딸을 낳고 농장에서 살고 있다.

🔅 활동

아동에게 루시아의 삶과 공정 거래 조합이 결성된 후 그녀의 딸의 삶을 비교해 보도록 한다. 이야기 나누기 시간에 루시아의 부모와 다른 농부가 속았다는 것을 루시아가 깨달았을 때 기분이 어땠을지 토론해 본다. 조합이 결성되었을 때 그녀의 기분은 어땠을까? 아동에게 카카오 열매가 어떻게 자라고, 어떻게 초콜릿이 만들어지는지 알아보도록 한다. 이에 관련한 많은 인터넷 웹사이트를 참고해 본다.

 민주주의 — 되돌아보기

지금까지 많은 아동이 교실에서 세계시민교육과 연관된 활동을 함께 해 왔을 것이다. 그들이 이에 대해 어떻게 느끼는지 이야기를 나누고 활동을 통해 알게 된 것에 관해 토의해 본다. 자신의 세계시민교육 포트폴리오를 살펴보고 민주주의에 관한 활동 결과물을 살펴보게 한다. 이야기 나누기 시간에 아동이 민주주의에 대해 새롭게 알게 된 것은 무엇인지 토론해 본다. 각 주제에서 가장 기억에 남는 것은 무엇인가?

어떻게 민주주의가 시민교육과 조화를 이루는지 이야기 나누고, 우리 교실이 민주적인 교실인지 생각해 보게 한다.

표현의 자유에 따른 영향과 그 제한에 대해 생각해 보았는가? 교실의 모든 사람이 자신이 생각하는 것만을 계속 요구한다면 행복한 곳이 될 수 있을까? 도덕적인 문제를 생각해 볼 때 아동이 거짓말하는 것을 허용할지 여부를 생각해 보게 한다. 어떤 경우에 거짓말하는 것이 허용될 수 있을까?

어떤 일을 공정하게 결정하기 위해 투표해야 할 때와 일반적인 합의 없이 독자적인 결정을 해야 할 때를 생각할 수 있는가? 스스로 결정을 해야 하기 때문에 '모든 책임은 나에게 있다'고 생각할 때는 언제인가? '민주적인가, 비민주적인가?' 활동지를 완성해 보도록 한다.

 참여하기

아동에게 우리나라는 민주주의 국가이지만 세계 여러 나라에는 다양한 통치 방식이 있다는 것을 상기시킨다. 아동에게 그들이 지금 할 수 있는 일을 생각해 보게 하고, 미래 사회에서도 교실과 가정과 지역사회 사람들이 서로 협력하는 것이 민주적이라는 것을 확인해 준다.

세계시민의 과제

　공정 거래의 중요성을 상기시킨다. 아동이 원하는 것을 사거나 부모가 물건을 살 때 그들의 선택에 영향을 주는 것은 무엇인가? 미래에 그들 자신의 재정을 관리할 때 무엇이 영향을 줄 것 같은가? 공정 거래의 원칙에 따라 생산된 초콜릿이나 운동화 같은 물건을 구매할 것인가? 그들이 공정무역 인증 마크를 찾아보고 그 상품 생산자와의 공정한 거래를 위해 조금 더 값을 지불할 것인가?

 나의 권리와 의무

나는 이런 권리를 가지고 있어요.

나는 이런 의무를 가지고 있어요.

내 이름은 _____ 예요.

민주적인가, 비민주적인가?

자기의 생각을 글과 그림으로 표현해 보세요.

■ 민주적인 행동

민주적인 행동에는 이런 것이 있어요	• • • •
민주적인 장면을 그림으로 그려 보세요	

■ 비민주적인 행동

비민주적인 행동에는 이런 것이 있어요	• • • •
비민주적인 장면을 그림으로 그려 보세요	

 용돈 기록장

한 달 동안 사용한 용돈을 기록해 보라. 용돈을 받으면 날짜와 금액, 그리고 용돈을 어디서 받았는지 기록한다. 용돈을 지출하면 사용한 날짜와 사용 내역을 적는다. 나는 얼마나 용돈을 쓰고 무슨 물건을 주로 사는가? 한 달 동안 들어온 용돈에서 한 달 동안 사용한 돈을 빼면 현재 남아 있는 돈이 된다.

날짜	입금		출금		잔액
	내용	금액	내용	금액	금액

나의 공약서

나의 이름은_____입니다.

나는 다음과 같은 이유에서 우리 반의 좋은 대표가 될 수 있다고 생각합니다.

-
-
-
-
-
-
-

만일 여러분이 나를 대표로 뽑아 준다면, 나는 학급을 위해 다음과 같은 일을 할 것입니다.

-
-
-
-
-
-

06

세계적 쟁점

초점

이 장에서는 세계의 주요 쟁점에 관해 살펴봄으로써 아동이 국내외 평화와 빈곤에 대해서 이해할 수 있도록 도와줄 것이다. 이를 통해 세상을 더 살기 좋은 곳으로 만들기 위한 일반적인 행동방식과 교육의 역할이 통합을 이루도록 도울 것이다. 첫 번째와 두 번째 주제는 특별히 세계적인 쟁점이라 보기 어렵지만 나머지 쟁점은 국제적인 문제에 대한 것이다. 이 장에서 다루는 세계적인 쟁점에 관한 주제는 다음과 같다.

- 교육기관과 가정에서의 평화
- 분쟁
- 국가의 평화
- 전쟁
- 세계 평화
- 빈곤
- 국내외 재난

아동에게 자신의 세계시민교육 포트폴리오 파일에 이 장에서 활동한 결과물을 첨부하게 하고, 미처 완성하지 못한 아동은 작업을 마치도록 도와준다. 이 장 끝에 있는 '감정의 언어', '더 좋은 행동과 더 나쁜 행동', '평화롭고 새로운 세상', '재난을 이기도록 돕는 사람', '우리도 누군가를 도울 수 있는가?' 등의 활동지를 참조한다. 그리고 세계적 쟁점에 관한 다음의 웹사이트 정보를 찾아본다.

- http://www.oxfam.org.uk
- http://www.peacecorps.gov
- http://www.savethechildren.org.uk
- http://www.unicef.org.uk
- http://www.worldvision.org.uk

세계적 쟁점 — 유아

교육기관과 가정에서의 평화

질 머피(Jill Murphy)가 지은 『마침내 평화가(Peace and last)』 혹은 『5분의 평화(Five Minutes' Peace)』를 읽고 주제 활동을 시작한다. 평화 혹은 편안함의 의미는 화합, 다른 사람과 사이좋게 지냄, 그리고 어떤 사람을 괴롭히지 않음을 뜻한다. 평화의 반대는 전쟁이지만 가정에서 평화의 반대는 충돌 또는 다툼이다.

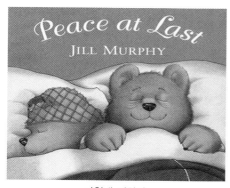

마침내 평화가

5분의 평화

『5분의 평화』 이야기를 듣고 느낀 점을 글과 그림으로 표현해 보게 한다. 유아에게 평화로울 때 어떤 마음이 드는지와 그러한 마음을 설명할 수 있는 단어는 무엇인지 이야기해 보도록 한다. 『마침내 평화가』 이야기를 듣고 '평화로운 감정'이라는 제목 아래 자신이 느낀 점을 글과 그림으로 표현해 보게 한다. 유아에게 평화 혹은 편안함의 반대말은 무엇인지 생각해 보게 하고 성남, 화남, 싫증, 걱정, 염려 등과 같은 감정을 나타낼 수 있는 단어를 적어 보게 한다.

이야기 나누기 시간에 유치원이나 어린이집에서 유아가 가장 평화롭다고 생각하는 활동시간은 언제인지 물어본다.

유아들이 유치원이나 어린이집에서 편안함을 느끼는 상황은 언제인지 물어보고 그렇게 느끼는 이유는 무엇인지 생각해 본 후에 다음 문장을 완성해 보도록 한다.

'나는 유치원(어린이집)에서 ~할 때 편안함을 느껴요.'

가정에서 느끼는 편안함에 관해 이야기하고 우리집을 편안한 장소로 만들기 위해 가족은 어떤 일을 해야 하는지 이야기를 나누어 본다. 그리고 다음 문장을 완성해 보도록 한다.

나는 아빠와 잠시라도 편안한 시간을 가져요.

'나는 집에서 ~할 때 편안함을 느껴요.'

주변을 어지럽히거나 물건을 망가뜨려 편안함을 깨는 사람을 비난한 적이 있는가? 그들이 왜 그런 행동을 하는지 생각해 보았는가?

이 장 끝에 있는 '감정의 언어' 활동지에 자신의 감정을 단어로 기록해 보도록 한다. 이야기 나누기 시간에 활동한 것을 포트폴리오 파일에 보관한다. 유아에게 돌아가며 단어 하나를 뽑게 하고 그것이 '좋은 감정'이면 꽃이 있는 정원 그림을 완성하는 데 사용하고 '좋지 않은 감정'이면 버리게 한다.

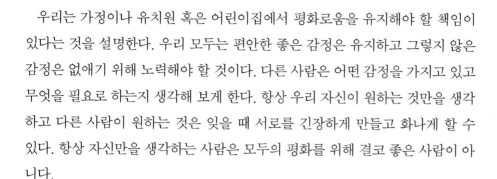

우리는 가정이나 유치원 혹은 어린이집에서 평화로움을 유지해야 할 책임이 있다는 것을 설명한다. 우리 모두는 편안한 좋은 감정은 유지하고 그렇지 않은 감정은 없애기 위해 노력해야 할 것이다. 다른 사람은 어떤 감정을 가지고 있고 무엇을 필요로 하는지 생각해 보게 한다. 항상 우리 자신이 원하는 것만을 생각하고 다른 사람이 원하는 것은 잊을 때 서로를 긴장하게 만들고 화나게 할 수 있다. 항상 자신만을 생각하는 사람은 모두의 평화를 위해 결코 좋은 사람이 아니다.

 세계적 쟁점 — 아동

교육기관과 가정에서의 평화

아동과 함께 이 장 끝의 '감정의 언어' 활동지에 있는 데이지 그림을 사용하거나, 아동이 직접 잎이 큰 꽃 그림을 그리게 한다. 일상에서 나쁜 감정이나 나쁜 언어는 정원에서 뽑아내야 할 잡초와도 같다.

각 아동에게 평화라는 낱말같이 좋은 뜻이 담긴 단어를 나열해 보게 한다. 각 단어의 정확한 의미와 그것이 평화와 같이 좋은 의미인지에 대해 토론해 본다.

아동이 둘씩 짝을 짓거나 모둠을 지어 학교를 평화롭고 학습활동을 하기에 좋은 곳으로 만들기 위해 무엇이 필요한지 생각해 보고 기록하게 한다. 활동 후 다른 집단과 함께 이야기 나눈 것을 하나의 목록으로 합친다. 교실을 평화로운 곳으로 만들고 그것을 유지하는 책임은 아동에게 있다는 것에 관하여 이야기 나눈다. 아동은 그들의 행동 하나하나가 교실을 조화롭게 만드는 데 영향을 준다는 것을 알고 있는가?

아동에게 다음 문장 중 어느 것이 올바른지 판단해 보도록 한다.

- 만약 내가 항상 편안하다고 느낀다면 나는 내가 꼭 해야 할 일을 하지 않는 비겁한 사람이다.
- 만약 내가 항상 편안하다고 느낀다면 나는 내가 해야 할 일을 다른 사람과 함께 하는 멋진 사람이다.

아동이 생각하기에 둘 중 어느 것이 옳은지 생각해 보도록 하고 선택한 것에 관해 토론해 본다. 위의 두 가지 의견 중 하나만 옳은가? 차이점은 무엇인가? 상황이 모두 가능한 것인가? 문장 중 하나를 더 알맞게 만들도록 고칠 수 있는가?

아동에게 무엇이 우리 가정을 평화롭게 하는지, 평화롭지 않게 하는 것은 무엇인지에 관한 두 개의 목록을 만들게 하고 그 결과를 공유해 보도록 한다. 가정을 평화롭게 하는 행동은 무엇이고 평화를 깨는 행동은 무엇인가? 아동과 가정에서 평화로울 때와 평화가 깨졌을 때의 상황을 그림으로 그려 보도록 하고, 그것이 왜 평화를 깨고 그로 인해 무슨 일이 벌어지는지 적어 보게 한다.

🏠 가정 연계 활동

아동에게 최근에 집이나 학교 이외의 장소에서 사람들이 다툴 때 다투지 않도록 도와준 경험이 있는지 생각해 보게 한다. 무슨 일이 생겼는지, 어떤 기분인지, 다른 사람의 생각은 어떨지 기록해 보도록 한다.

세계적 쟁점 — 유아

분쟁

이야기 나누기 시간에 유아에게 친구들이 다투는 이유에 관해 질문한다. 다음 문장을 완성해 보도록 한다.

'나는 친구들이 ~때문에 싸운다고 생각해요.'

유아가 서로 이야기한 것을 목록으로 만들어 본다.

상황이 걷잡을 수 없게 되고 신체적 상처까지 나게 하는 싸움에 관해 이야기 나눈다. 왜 이런 일이 생기는지 이야기할 수 있는가? 그들은 자기의 마음을 표현할 방법을 몰라 위협을 느끼거나 공격할 필요를 느끼기 때문이라는 것을 아는가? 어떤 것이 유아의 싸움을 멈추게 할 수 있는가? 유아가 알고 있는 싸움

> 아이들이 싸우는 이유는……
> 가장 잘하고 싶은 욕심 때문에
> 원하는 무엇인가를 얻으려고
> 자기 팀이 이기려고
> 자기가 원하는 방법대로만 하려고
> 자기가 대장이 되려고
> 자기 생각만 옳다고 하니까
> 기분이 나빠서
> 싸우고 싶어서

을 멈추게 하는 방법에 대하여 기록해 보게 한다. 열까지 세어 본다거나 잠시 다른 사람의 기분을 생각해 보는 것도 좋은 예다.

다툼을 원만히 해결하는 것은 매우 중요하지만 모두가 알다시피 그것이 쉽지 않음을 이야기 나눈다. 유아가 다툰 후에 할 수 있는 방안과 화해의 말을 생각하게 하고 다음 문장을 완성해 보도록 한다.

'나는 친구와 다툰 후 화해를 하기 위해 ~을 할 수 있어요.'

화해하는 좋은 방법을 목록으로 만들고 그에 대해 이야기 나눈다. 가장 좋은 방법인가? 어떤 것이 가장 좋지 않은가? 순위를 정할 수 있는가? '더 좋은 행동과 더 나쁜 행동' 활동지를 사용하여 관련 단어를 찾아보고 그것을 칠판에 기록해 본다. 단어 카드를 만들어 활동지에서 제시하는 놀이에 사용한다.

어른이 싸우는 이유에 대해 이야기를 나눈다. 어른이 싸우는 이유는 여러 가지가 있지만 자녀의 잘못 때문에 다투는 것은 아니라는 것을 설명해 준다. 아이들이 다툰 뒤 화해하는 방법을 어른에게 적용할 수 있을까? 어떤 방법을 어른의 화해에 적용할 수 있을까? 그것이 항상 적용되는가? 어른과 아이 사이에 다투는 경우에 관해 이야기를 나누어 본다. 어른이 아이와 다툴 때 항상 아이의 잘못은 아니지만 아이가 먼저 실수한 것을 사과하면 관계에 도움이 된다.

미안하다고 말하는 상황에 관해 이야기 나눈다. 미안하다고 말하는 것은 누구에게나 종종 어렵다. 유아는 진심으로 미안하다는 것을 어떻게 보여 줄 수 있는가? 이를 위해 어떤 것을 할 수 있는가?

 # 세계적 쟁점 — 아동

분쟁

아동에게 사람들이 다투는 이유를 조사해 보라고 제안한다. 또래 두 사람이 싸우는 그림을 그리게 하고 그들이 서로 어떻게 행동하고 뭐라고 말하는지 적어 보도록 한다. 아동이 그린 두 사람의 감정을 생각해 보고 그들 모두 어떤 느낌일지 이야기 나누어 본다. 짝과 그림을 바꾸어 보고 각 아동이 다툼을 그치기 위해 무엇을 해야 하는지 적어 보도록 한다. 교실에 함께 모여 다투는 이유에 관해 이야기하고 해결 방법을 제시해 보도록 한다.

아동에게 과거에 다른 사람과 다투었던 기억이 있는지 떠올려 보게 한다. 왜 다툼이 시작되었는지 생각할 시간을 준다. 누구의 잘못 때문에 다툼이 시작되었는지, 서로 무슨 말을 하고 어떻게 했는지 생각해 보게 한다. 그리고 다음의 질문에 답해 보도록 한다.

- 그때 다툰 것이 옳은 것이었는가?
- 다투는 대신에 다른 어떤 것을 할 수 있었는가?
- 다투면서 어떤 행동을 했는가?
- 다툰 결과는 무엇이었는가?
- 모두에게 또는 그중 한 사람에게 좋은 결과였는가?
- 다툰 후에 두 사람 모두 어떤 느낌이었는가?
- 다투는 대신에 다른 행동을 했더라면 하고 나중에 생각하는가?

어른이 의견 차이를 해결할 때 사용하는 방법에 관해 이야기 나눈다. 모든 사

람은 자기 생각대로 행동할 수 없고 때때로 양보해야 한다. 협력이나 중용 혹은
양보처럼 어른이 생각하는 화해의 의미가 무엇인지 생각해 보게 한다.

이전에 투표 관련 활동을 상기시킨다. 투표는 때때로 사람들의 의견 차이를
해결하는 데 좋은 방법이다. 화를 내고 다툼을 일으키는 것이 좋은 방법이 아님
을 인식시킨다. 국가 간의 의견 차이를 해결하기 위한 방법을 찾을 수만 있다면
국가 사이에 전쟁이 아닌 평화를 얻을 수 있다는 것을 아동이 이해할 수 있는가?

 가정 연계 활동

가정에서의 다툼에 관해 조사해 보도록 한다. 어떻게 시작되었고, 누가 뭐라
고 말했으며, 다투면서 무엇을 했고, 끝에는 어떻게 해결되었는가? 아동이 가정
에서 놀이할 수 있는 활동 자료로 문제 해결에 대한 '더 좋은 것과 더 나쁜 것'
카드를 만들어 본다.

 세계적 쟁점 — 유아

국가의 평화

우리나라는 민주주의 국가이고 모든 사람은 동등한 권리를 갖고 있다는 것에 대해 이야기 나눈다. 어른은 우리나라를 위해 일할 사람을 뽑기 위해 투표권을 갖는다는 것을 상기시킨다. 이것은 모든 사람이 자신의 권리행사로 시시비비를 가려 평화롭게 지낸다는 것을 의미하지만 그렇지 않은 경우도 있다는 것을 알려 준다.

우리나라에서 모든 사람이 서로 평화롭고 사이좋게 지내지는 않는다. 정부가 결정한 일에 대항하여 싸우거나 다른 사람을 정치 투쟁에 끌어들이려고 애쓰는 사람도 많다. 아이 사이의 다툼이 분노와 근심을 가져오는 것처럼 어른 사이의 다툼은 더 큰 근심과 걱정을 가져와 최악의 경우 투쟁이나 혁명과 같이 국민 모두를 위험하게 만들 수 있다.

어른을 화나게 하는 것에는 어떤 것이 있을지 예상해 보고 그것에 관해 이야기 나누어 본다. 가끔 사람들은 자신이 처한 상황을 변화시키기 위하여 분노하는 경우가 있는데, 이것은 상황을 더 좋게 만드는가? 사람들은 정부가 지금과는 다른 방식으로 정치하길 원하기 때문에 정부를 대상으로 분규하며 투쟁하는가? 사람들은 자신에게 불만이 있다는 것과 당면한 문제가 해결되길 원하는 것을 어떻게 표현하는가? 유아가 그것에 관해 알고 있는

사람들이 원하는 것
돈을 많이 버는 것
세금을 적게 내는 것
더 많은 복지 혜택
더 많은 의료 혜택
더 좋은 집
더 좋은 음식
새로운 학교
더 좋은 도로
빈방 금지
싸움 금지
중독 금지

것이 있다면 말해 보도록 한다.

사람들이 사회문제에 부딪혔을 그것을 해결하기 위해 할 수 있는 것은 무엇인지 생각해 보고 더 나은 생활을 위해 할 수 있는 일에 대해 이야기 나눈다. 서명이나 청원, 시위, 세금 납부 반대, 반대 투표 등 다른 사람이 자신의 의견을 듣기 위한 방법에 관해 이야기 나눈다. 이 중 어떤 것이 가장 평화로운 방법인가?

어떠한 이유에서건 현재 우리나라에서 다투고 있는 사람들을 TV에서 본 적이 있는지 물어본다. 유아가 어떤 것을 이야기하는가? 유아가 어른이 너무 많은 술을 마시거나, 다른 나라 또는 종교에 대항하거나, 이웃을 좋아하지 않기 때문에 분노를 느끼며 다툰다고 이야기하는가?

우리나라에서는 경찰이 법과 질서를 집행하고 국가와 개인의 안전과 평화를 유지하기 위해 노력한다는 것을 상기시킨다.

 세계적 쟁점 — 아동

국가의 평화

최근 신문이나 TV 등의 매스컴을 통해 보도된 것처럼 사소한 다툼이 국가 간 분쟁이 될 수 있다는 사실을 상기시킨다.

학교 또는 우리 주변에서 최근에 분쟁이 된 사건에 관해 토론해 본다.

아동을 두 명씩 짝짓거나 모둠으로 나누어 분쟁과 관련된 특정 사건을 조사하게 한다. 아동에게 신문에서 찾은 기사를 스크랩하거나 복사하게 한다.

다 함께 모여 신문에 보도된 분쟁이 긍정적인지 부정적인지 이야기 나눈다. 사람들은 자신의 권리나 이익을 위해 다투거나, 사회와 법에 대항하여 분쟁하거나, 다른 사람을 위협하기 때문에 서로 다툰다.

신문에서 찾은 기사를 생산적인 분쟁과 소모적인 분쟁의 두 가지로 분리하고 활동지에 붙인다.

아동이 둘씩 짝을 지어 생산적인 분쟁의 하나를 선택하여 토론하게 한다. 어떻게 시작되었는지, 누구의 잘못 때문인지, 사람들이 취한 행동은 무엇인지, 어떤 해결책을 찾았는지 생각해 보게 한다. 활동 후 아동의 아이디어를 적게 하고, 만약 몇몇 아동이 같은 분쟁을 선택한다면 그것을 모아 이에 대해 토론하고 스크랩한 자료 옆에 붙인다.

아동과 소모적인 분쟁 중 하나를 선택하여 동일한 활동을 해 본다.

다음 내용을 제시하고 아동이 옳다고 생각하는 것을 선택해 보도록 한다.

> 자신의 권리를 위해 싸우는 것은 항상 옳다.
> 자신의 권리를 위해 싸우는 것이 항상 옳은 것은 아니다.

각 입장에서 토론할 기초자료를 준비하고 발표자를 선택한 후 토론한다.

 가정 연계 활동

우리나라 또는 다른 나라에서 인권을 위해 싸웠던 과거 투쟁에 관하여 조사해 보게 한다. 아동은 과제를 하기 위해 가족, 친구, 관련 서적과 인터넷을 사용할 수 있다. 투쟁 원인, 투쟁 내용, 투쟁 결과의 세 부분으로 나누어 기록해 보도록 한다.

세계적 쟁점 — 유아

전쟁

사람뿐만 아니라 나라 간에도 다투며 간혹 나라끼리 크게 다투는 전쟁은 아주 오랫동안 지속될 수 있음을 유아에게 설명한다.

세계 여러 나라는 자기 나라 국민에게 해를 끼칠 수 있는 세력에 대항하여 국민을 지키기 위한 전투력을 가지고 있다는 것을 설명한다. 전쟁이 일어날 때 국민을 보호하기 위한 군사력으로 육군, 해군, 공군이 있다는 것을 이야기해 준다. 유아의 부모나 친척 중 군인이 있는지 이야기를 나누어 본다.

우리 할아버지는 전쟁 때 장갑차를 운전하셨어요.

우리나라도 여러 번의 전쟁이 있었다는 것을 설명한다. 제1차와 제2차 세계대전이나 6·25전쟁에 관해 이야기하고, 우리나라 군인이 다른 나라의 침략을 막기 위해 전쟁에 참가했던 적이 있었다는 사실도 알려 준다. 우리나라에 전쟁이 일어났을 때 전쟁 기간 동안 음식과 에너지가 부족한 상황에서 살아야 했다는 것을 설명한다.

유아에게 집안 어른에게서 전쟁에 대한 이야기를 들어 본 적이 있는지 질문한다. 가족 중 전쟁에 참가한 사람이 있는지 물어보고 전쟁에 관한 그림을 그려 보거나 가족이 참가했던 전쟁에 관해 이야기해 보도록 한다.

우리나라는 국제연합(UN)에 속해 있음을 알려 준다. 세계에서 분쟁이 있는 다른 나라를 돕기 위해 국제연합에 속한 여러 국가가 참여한다는 것을 설명한다. 국제연합은 싸우기 위해 군대를 보내지 않는다. 다만 음식, 의사, 간호사, 약 등이 필요한 사람에게 도움을 준다.

군인의 임무는 나라를 위해 싸우는 것임을 이야기해 준다. 유아가 즐기는 전쟁놀이에 관해 이야기 나눈다. 전쟁놀이가 좋은 것이라고 생각하는가? 일부 어른들이 즐기는 성인용 전쟁 게임에서는 오래된 군복을 입고 전쟁을 실연하듯 놀이한다는 것을 아는가? 이러한 전쟁에서는 아무도 죽지 않는다. 실제 전쟁과 똑같지 않기 때문이다.

 ## 세계적 쟁점 — 아동

전쟁

토론을 위해 다음 문장을 제시한다.

> '전쟁은 절대 좋은 것이 아니에요. 나는 결코 전쟁을 원치 않아요.'
> '때로는 나라들이 전쟁을 해야 한다고 생각해요. 나는 정당한 이유가 있다면 전쟁에 나가 싸울 거예요.'

아동이 위 문장을 읽고 올바른 것을 선택하게 하고 토론을 위해 두 개의 모둠 혹은 더 작은 모둠으로 나눈다. 토론하기 전에 그들이 선택한 문장에 대한 그들의 생각을 정리하고 기록할 시간을 준다. 토론 끝에는 아동이 옳다고 생각하는 것은 무엇인지 선택하도록 투표한다.

활동 가운데 세계대전이나 6 · 25전쟁에 관해 이야기 나누면서 아동은 우리나라 영토와 국민의 주권을 지키기 위해 싸운 전쟁에 대해 알게 될 것이다. 이야기 나누기 시간에 전쟁의 옳고 그름에 관해 토론해 본다. 토론 후에 아동 중 몇 명은 전쟁이 아닌 다른 수단이 필요하다고 생각할 수 있는가? 그에 대한 결론은 무엇이 될 것인가?

전쟁이 타당하다고 받아들이게 하는 여러 쟁점에 관해 이야기 나눈다. 예를 들면, 탄압을 막고, '인종 청소(ethnic cleansing)'를 중단하게 하고, 민주주의가 실행되지 않는 국가의 시민을 돕는 것 등이다. 아동은 그들이 묘사한 전쟁의 대안을 생각할 수 있는가? 그렇다면 이 대안을 목록으로 만들고 가능한 결과에 관해 토론해 본다.

국제연합은 1948년에 만들어진 조직으로 전쟁의 재앙에서 미래 세대를 보호하기 위해 만들어졌다. 현재 192개국이 회원국으로 가입되어 있다. 국제연합의 목적 중 하나는 세계 평화를 유지하는 것이다. 그러나 불행하게도 이를 수행하기 위해서는 분쟁이 있는 곳에 평화유지군을 보내야 한다. 다시 말해 때로는 평화를 지키기 위해 싸워야 할 때도 있다는 것이다.

 가정 연계 활동

국제연합이 그 조직의 목적과 평화유지를 위해 하는 일, 예를 들면 평화유지군 파견이나 인도주의 실현을 위해 하고 있는 일에는 어떤 일이 있는지 인터넷을 통해 알아보게 한다. 아동이 찾은 것에 관해 토론하고 이로부터 국제연합의 역할을 묘사하기 위한 교실 임무 성명서를 쓰고 활동 결과물을 포트폴리오 파일에 보관하게 한다.

Global Citizenship for
Young Children

세계적 쟁점 — 유아

세계 평화

세계 평화에 대해 유아와 이야기 나눈다. 세계 평화를 위해 일하는 몇몇 단체가 있지만 세계 평화가 그리 쉽게 얻어지지 않는다는 것을 설명한다. 가정과 교실을 평화롭게 유지하는 것이 얼마나 어려운지 상기시키고 전 세계의 평화를 유지하는 것은 그보다 더 어렵다는 것을 설명한다.

유아에게 세계를 평화로운 곳으로 만들기 위해 무엇을 할 수 있을지 생각해 보게 한다. 다음 문장을 완성해 보도록 한다.

'사람들이 ~한다면 세상이 더 평화로울 것 같아요.'

유아가 제안한 것을 목록표로 만들어 각각에 관해 이야기 나누고 더 좋은 생각이 있다면 목록에 추가하도록 도와준다.

칠판에 '평화'라는 말을 쓴다. 평화에 대한 이미지를 색과 모양이 있는 형태로 그려 보고 자신의 생

만약에 사람들이 이렇게 한다면 세상은 지금보다 평화로울 것 같아요.

- 사람들이 싸움을 멈춘다면
- 일을 공정하게 한다면
- 사람들이 서로를 배려한다면
- 사람들이 서로 돕는다면
- 물건을 서로 나눈다면
- 사람들이 서로 존중한다면
- 이웃을 정말로 사랑한다면

각을 이야기한다. 유아에게 눈을 감고 '평화' 하면 어떤 이미지가 떠오르는지 생각해 보게 한다. 다양한 미술 소재(페인트, 파스텔, 크레용, 콜라주 등)를 활용하여 평화에 관한 그림을 꾸며 본다. 유아의 그림을 게시하기 전에 자신의 그림을

소개하며 다양한 이야기를 나눈다. 세계를 더 평화롭게 하는 것에 관해 유아가 말하는 것을 말풍선에 써서 그림에 추가한다.

　유아와 함께 교실에 그림을 게시해 보고 감상해 본다. 평화에 관한 동시를 감상해 본 후 짧은 동시를 지어 본다.

　　모든 사람은 평화를 원한다네

　　전쟁과 싸움의 끝에서

　　모든 사람을 위한 평화는 너무나 소중해

　유아와 자유롭게 짧은 글이나 운율이 있는 동시를 지어 본다. 전하고자 하는 의미가 동시에 담겼는지 확인해 본다.

　세계 평화는 각 사람이 평화를 느끼는 것이나 다른 사람을 사랑하는 것에서 시작되어야 한다는 것을 설명한다. 두 명씩 짝을 짓거나 모둠을 지어 서로 사랑하는 마음을 담아 친구들을 따뜻하게 안아 주게 한다.

Global Citizenship for
Young Children

세계적 쟁점 — 아동

세계 평화

앞의 세계 평화와 연관된 유아 활동을 살펴보고 우리 교실에 적합한 것을 활용한다. 아동에게 짝을 이루어 '평화'라는 말의 동의어와 반대어를 찾아보게 한다. 이후 포트폴리오에 활동 자료를 기록하기 전에 모두 함께 이것을 공유한다.

아동과 이 장에서 활동한 작업을 회상해 보며 짝과 함께 나라와 나라가 전쟁하는 이유에 관해 기록해 보도록 한다. 활동 결과를 다른 짝과 비교해 보고 다시 다 함께 나눈다. 탄압, 싸움, 탐욕, 인종 분쟁 등의 단어와 아동이 사용한 단어나 문장을 비교해 본다. 아동에게 각 단어의 반대어를 찾아보도록 하고 이를 긍정적인 말로 바꾸어 보도록 한다. 예를 들어, 탄압은 자유로, 싸움은 토론으로, 탐욕은 기부로, 인종 분쟁은 수용으로 만들게 한다. 이 단어들을 모아 목록표로 만든다.

아동이 교실에서 세계 평화를 증진하는 데 활용할 포스터 또는 로고를 생각해 보게 한다. 위의 목록에서 하나 이상의 긍정적인 단어나 문장을 선택하여 이를 로고로 표현해 보도록 한다.

하얀 구름 위에 평화로운 색으로 그려진 로고를 게시한다. 검은 구름이 드리운 거리에 버려진 대못같이 전쟁을 표현한 이미지와 연관된 문장을 써넣는다. '평화롭고 새로운 세상' 활동지를 완성해 보도록 한다. 모든 사람을 위한 새로운 세상을 행복한 곳으로 만들 수 있는 아이디어를 나눈다.

어떻게 세계 평화를 이룰 수 있는지 생각해 본다. 이를 위해 어떤 사람이 이러한 일을 할 수 있을까?

가정 연계 활동

가정에서 세계 평화를 위해 일하는 조직에 대해 조사해 온 후 학교에서 그에 관해 토론한다. 오랜 전쟁 끝에 평화가 선포될 때 사람들은 어떤 느낌일지 생각해 보게 한다. 이와 관련된 단어의 목록을 만들고 세상이 다시 평화로워질 때 사람들은 어떻게 느낄지 이야기를 써 보도록 한다.

세계적 쟁점 — 유아

빈곤

유아에게 가난한 사람에 관한 그림을 그리게 하고, 그린 그림을 살펴보며 함께 이야기 나눈다.

유아에게 다음 문장을 완성하면서 '가난'의 의미를 생각해 보게 한다.

> '나는 가난이란 ~라고 생각해요.'

유아가 제안한 것을 적어 보고 그중 가난에 대해 잘못 생각한 것을 골라 다시 이야기 나눈다. 유아에게 자원 부족이 '가난'의 전부는 아니라고 설명한다. 유아가 그린 그림 가운데 어떤 것이 가난한 사람에 관한 그림인가?

유아에게 주변에 먹을 것이 없어 배고픈 사람, 갈 곳이 없는 사람, 입을 옷이 없는 사람처럼 정말 가난한 사람의 상황을 알고 있는지 질문한다. 부유한 선진국에는 가난한 사람이 많지는 않지만 우리 주변을 살펴보

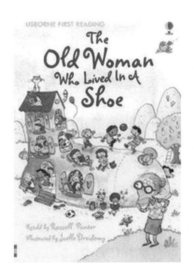

신발 속 가난한 노인[1]

---

1) 역주: 한 노인이 가난한 형편에 아이가 너무 많아 어쩔 줄 몰라 하며 아이들에게 물만 먹여 겨우 잠자리에 들게 한다는 이야기다.

면 필요한 것을 구입할 돈이 없는 사람은 의외로 많음을 설명한다.

우리나라에서 정부는 특별 기금을 제공하거나 살 곳을 제공하여 가난한 사람을 돕지만 여전히 그런 혜택을 받지 못하고 거리에 사는 사람도 있다.

유아에게 음식을 구할 수 없어 굶거나 살 곳이 없는 것이 어떤 것인지 생각해 본 적이 있는지 물어본다.

어떤 나라에서는 죽도 먹을 수 없을 만큼 가난한 아이가 많다는 것을 설명한다. 어떤 아이는 굶주리고 거리에서 음식을 주워 먹으며 문간에서 잠을 잔다. 세계 여러 나라에는 이런 아이를 도우려는 좋은 사람도 있지만 도와주어야 할 아이들이 너무 많아서 국제 원조가 쉽지 않다는 것을 유아에게 이야기해 준다.

금전이나 옷과 음식 등을 전달해 주어 전 세계의 가난한 아이를 돕는 자선단체에 관해 이야기 나눈다. 이런 자선단체의 이름을 아는가? 그 목록을 만들어 보자. 때때로 그들을 돕기 위한 모금함에 돈을 넣기도 하는가? 그들을 돕기 위해 유아가 모금을 계획할 수 있는가?

세계적 쟁점 — 아동

빈곤

가난에 대해 이야기 나눈다. 우리나라에 살고 있는 가난한 사람에 대하여 아동이 알고 있는 것, 예를 들면 노숙자, 쪽방촌 사람들, 집 없는 사람을 위한 수용시설 등에 관해 이야기 나눈다.

어떻게 사람들이 집 없는 사람이 되는지에 관해서도 이야기 나눈다. 예를 들면, 도망자, 결혼에 실패한 사람, 수입이 없어 집을 잃은 사람 등이 있다. 정부가집 없는 사람에게 잠자리와 아침을 제공하는 수용 시설을 지어 주고 특별한 혜택을 주고자 노력하고 있지만, 때로 일부 사람은 법적인 혜택과 구제받을 자격조차 없는 경우도 있다.

아동에게 어떤 불행한 일이 발생하여 갑자기 가족이나 집을 잃는다면 어떤느낌일지 몇 문장으로 표현해 보도록 한다. 그들이 잃게 될 것에 대해 생각해보게 한다. 그런 상황이라면 아동은 무엇을 할 수 있는가?

아동과 함께 이 장 뒤에 나오는 세이브 더 칠드런(Save the Children) 웹사이트에서 발췌한 글을 읽고 그에 대해 토론해 본다.

세계의 가난한 사람의 대부분은 아동이다. 금전적 수입이나 다른 자원의 부족이음식과 건강, 교육과 주거와 같은 기본 생활의 결핍을 가져온다는 의미다. 전 세계빈곤 정도의 심각성은 아동의 건강하고 안정된 삶을 무시하는 경제 정책과 활동에직접 연관되어 있다.

경제적으로 부유한 몇몇 선진국은 개발도상국의 사람들을 도우려는 단체 또는 기관을 가지고 있지만 그들의 도움이 그 나라의 일부 나쁜 사람에게 돌아가기 때문에 도와주는 것이 쉽지 않다는 것을 설명한다. 그러한 단체 또는 기관의 이름을 알아볼 수 있는가? 아동에게 짝을 이루어 선진국이 가난한 나라를 지원할 수 있는 일에는 어떤 것이 있는지 목록을 만들어 보도록 한다. 가난한 나라 사람은 이러한 도움에 대해 어떻게 느낄지 이야기 나누어 본다.

 **가정 연계 활동**

다른 나라 아동을 돕기 위해 노력하는 기관을 인터넷에서 찾도록 한다. 그곳의 목적은 무엇인가? 어느 나라를 어떻게 돕는가? 그들의 도움을 받으려면 어떻게 해야 하는가? 그곳의 아동을 우리가 어떻게 도울 수 있는지 자신의 생각을 기록해 본다.

세계적 쟁점 — 유아

국내외 재난

'재난'이라는 말을 들어 보았는지 물어본다. 사람들은 이 단어를 언제 사용하는가? 유아에게 재난에 관해 설명해 주고 다음 문장을 완성해 보도록 한다.

'~할 때, 그것은 재난이었어요.'

사람들이 재난 시 그 상황에서 벗어나기 위해 무엇을 해야 하는지 이야기 나눈다. 누가 누구를 도와주고, 도와주는 사람들은 어떤 일을 해야 하는가?

여기서 이야기하는 재난은 홍수, 화재, 지진 등으로 안전을 위협하는 심각한 상황임을 설명하고 최근에 우리 주변에서 발생한 재난에 관해 생각을 나누어 본다. 이러한 재난 중 막을 수 있는 인재는 무엇이고, 막을 수 없

는 자연 재난은 무엇이며, 그러한 재난의 원인과 예방책은 무엇인지에 관해 이야기 나눈다.

칠판에 '재난'이라고 쓰고, '자연으로 인한 재난'과 '사람으로 인한 재난'의 목록을 만든 후 각각에 관해 이야기 나눈다.

이러한 재난을 만난다면 과연 누가 우리를 도와주는가? 지역사회에서 우리에게 도움을 주는 기관에 관해 이야기 나누고, 소방서를 비롯한 유사 기관의 목록을 만든다. 목록을 읽고 기관 운영을 위한 비용을 누가 지불하고, 어떤 사람이 운영하며, 그곳을 지원하는 자원봉사자는 무엇을 하는지 이야기 나누어 본다. 바닷가에서 구명보트로 사람들을 구하는 구조대원처럼 비상시에 활동하는 자원봉사자에는 어떤 사람이 있는지 이야기 나누어 본다. 이들 자원봉사자는 때로 위험한 상황에서도 다른 사람을 돕기 위해 자신의 목숨을 걸기도 하는 진정으로 헌신적인 시민임을 말해 준다.

　지역 신문에 보도된 뉴스 중에서 가까운 지역에 재난사고가 있었는지 생각해 본다. 그 재난의 원인은 무엇이며 지역사회에 미친 영향은 무엇인지 이야기 나누어 본다. 재난이 발생했을 때 사람들을 돕기 위해 할 수 있는 일을 기록해 본다. 세계 여러 나라에서 현재 일어나고 있는 재난에는 어떤 것이 있는가? 누가 돕고 있으며 돕기 위해 무엇을 하는가? 우리나라 사람도 원조를 하고 있는가? 어떤 원조를 하고 있고 원조를 자원하는 사람은 어떻게 그 일을 하는가?

세계적 쟁점 — 아동

국내외 재난

앞서 제시된 유아의 재난 관련 활동을 살펴보고 그에 대해 토론해 본다.

아동이 짝을 이루어 지진 등의 자연재해와 전쟁 같은 인재 등 두 개의 목록으로 작성하게 한다. 학급이 다 함께 목록을 나누고 통합된 목록을 만들 때까지 다른 짝과 목록을 교환해 가며 아이디어를 추가해 나가도록 한다.

자연재해 발생 시 우리가 도울 일에는 무엇이 있는지 이야기 나눈다. 최근에 발생한 재해에 대해 생각해 보고 세계가 그 소식을 어떻게 듣게 되었으며 다른 나라는 무엇을 어떻게 도와주었는지에 대해 생각해 본다.

세계에 극심한 재난을 도우러 가는 사람에 관해 이야기 나눈다. 그들은 과연 재난당한 사람에게 무엇이 필요한지 아는 전문가이고, 도울 수 있는 일을 실제로 할 수 있는 사람인가? 재난을 직접 돕기 위해 해당 지역을 방문할 수 없는 사람이 도울 수 있는 방법에는 어떤 것이 있는가?

인종 학살, 기름 유출, 난파 등 과거의 인재에 관해 이야기 나눈다. 다른 나라를 돕기 위한 방법에는 어떤 것이 있는지 이야기 나눈다. 평화유지군 또는 다른 군대를 보내는 것이 최선의 선택인지 이야기 나눈다. 다른 대안은 없는가? 재난을 당한 나라를 어떤 국가가 도움을 주고 있는가?

후천성 면역결핍증(AIDS/HIV)에 대해 이야기 나누고 이것이 만연한 개발도상국 사람을 돕기 위해 무엇을 할 수 있는지 토론해 본다. 그 나라 사람들은 자신들이 요구하는 원조를 받고 있는가? 누가 원조해 주고 있는가? 이 장 끝에 있는 '재난을 이기도록 돕는 사람', '우리는 누군가를 도울 수 있는가?' 활동지를 활용한다.

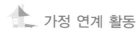 **가정 연계 활동**

　최근 혹은 과거에 발생한 재난 중 한 가지 재난을 선택하고 그에 대해 조사해 보도록 한다. 아동에게 그것에 대한 가상 뉴스를 만들어 보도하기 위해 보고서를 작성해 보도록 한다. 이야기 나누기 시간에 자신이 조사한 내용을 발표하게 하고 해당 재난의 영향에 대하여 토론한다. 그리고 '재난'이라는 제목의 삽화가 있는 글을 쓰게 하고 그것을 교실에 게시한다.

✸ 슈라리나의 이야기

슈라리나는 인도양 가장자리의 작은 어촌에 살았다. 아버지는 어부였고 열일곱 살된 큰오빠는 아버지가 하는 일을 도왔다. 그녀의 작은오빠 둘은 학교가 끝나면 어망 치는 것과 고기 잡는 일을 도왔다. 그러나 슈라리나는 아직 여섯 살밖에 되지 않아 아버지의 일을 돕지 못하고 집에서 엄마를 도왔다.

슈라리나의 집은 해안선 가까이에 있고 매우 화목한 가정이다. 집은 바다가 보이는 창이 있고 콘크리트 블록 일부와 목재로 지어진 작은 집이다. 비록 정원이 딸려 있지 않았지만 집 주변 공간은 그물을 널어놓고 수리하거나 배가 고기 잡으러 바다에 나가지 않을 때 정박해 두는 곳으로 사용하였다.

아주 가끔 공휴일이나 일요일에는 모든 가족이 배를 타고 해변을 따라 항해하러 나갔다. 그들은 소풍하며 함께 하루를 보냈고 항해하는 동안 다른 가족을 만나면 서로 손을 흔들며 미소를 보냈다. 슈라리나는 이러한 특별한 날을 즐겼다. 오빠들은 일을 하지 않을 때면 그녀에게 장난을 치며 특별한 추억을 만들어 주었다.

어부들의 집 뒤쪽에는 몇몇의 작은 호텔이 있었다. 관광객이 우리 마을을 방문할 때면 그 호텔을 이용하였다. 관광객은 일광욕을 좋아했고 휴일에 호텔에 있을 땐 커다란 수영장 주위에서 여가를 즐기며 지냈다. 슈라리나의 아버지는 주로 거래하는 호텔에 대부분의 고기를 팔았다. 그곳 요리사는 다른 곳에 비하여 고기 가격을 적당히 쳐 주어서 그래도 가족이 생활하기에 충분한 음식과 입을 옷과 필요한 물건을 구입할 수 있었다.

관광객은 어선이 있는 바닷가와 부두를 따라 걸으며 어부 가족의 집을 구경할 수 있었다. 관광객은 어부의 집이 아주 작고 현대적인 주거시설이 갖추어져 있지 않기 때문에 신기하다고 생각하였다. 어떤 관광객은 어부의 가족이 현대식 집과 옷, 자동차, 기계 설비 등이 없다고 불쌍하게 여기기도 하였다. 하지만 슈라리나는 그녀가 갖고 싶은 모든 것을 가지고 있기 때문에 이런 생각을 이해할 수 없었다. 사랑하는 가족, 충분한 음식과 고기, 많지 않지만 책이 있고 다닐 수 있는 좋은 학교가 있기 때문이다.

　가끔 집 앞까지 높은 파도가 다가올 때도 있지만, 지금까지 슈라리나와 가족에게 이곳 생활은 아주 평화로웠다. 슈라리나의 아버지는 바다의 파도가 높이 휘몰아칠 때 걱정스러워 집으로 돌아왔지만 아무 일도 벌어지지 않았다.

　하지만 무서운 일이 일어났다. 슈라리나의 아버지와 큰오빠가 고기를 잡으러 나갔고 바다의 파도가 멀리서 높이 일어나는 게 보였을 때 그녀는 저녁을 위한 채소를 준비하느라 문 밖에 앉아 있었다. 그녀는 아주 큰 파도가 점점 더 가까이 오는 것을 보자 엄마와 작은오빠들에게 말해 주려고 집으로 들어왔다. 잠시 후 모두 같이 그것을 보기 위해 바깥으로 나왔을 때 집 가까이 몰려오는 파도는 아주 거대했다. 그들은 잠깐 동안 그 거대한 파도를 보았다. 슈라리나의 엄마는 "빨리 서둘러라, 서둘러! 대피소로 뛰어. 무서운 파도가 닥쳐와 우리 모두를 쓸어 버릴 거야."라고 외쳤다. 엄마는 슈라리나의 손을 잡고 작은오빠들과 함께 파도를 피해 육지로 뛰기 시작했다. 그들이 멀리 가기 전에 뒤를 보았을 때 거대한 물 벽이 그들을 향해 오는 것을 보았다. "뛰어, 슈라리나. 뛰어. 대피소를 찾아." 엄마는 언덕 위로 슈라리나를 끌고 가며 외쳤다.

　파도는 멈추지 않았다. 그들의 발 주위까지 파도가 밀려와서 그들을 넘어뜨리고 밀어붙였다. 집은 쓰러지고, 차는 떠다니고, 사람들은 여기저기서 살려 달라고 소리쳤다. 슈라리나는 벽에 부딪혔다. 그녀의 머리는 콘크리트에 부딪혔고 모든 것이 암흑으로 변했다.

　한참이 지난 후 그녀는 천천히 깨어났고 눈을 떴다. 그녀는 젖은 매트리스 위에 누워 있었고 어떤 사람이 그녀 위로 몸을 기울이고 있었다. 그는 관광객 중 한 사람이었고 "깨어났어. 머리를 부딪혔지만 괜찮아 보여. 이리 와서 좀 봐."라고 외쳤다. 그가 "너는 행운아야."라고 말했다. "다리에 피가 나지만 부러진 곳은 없어. 하지만 의사선생님이 널 진단해야 해." 슈라리나는 온 몸에 멍이 들고 강타를 맞은 듯한 느낌이었다. 그렇지만 그녀의 찢긴 다리 부분은 상태가 아주 나쁘진 않았다. 그녀는 어디엔가 머리를 크게 부딪혔던 생각이 났을 때 다른 생각이 떠올랐다. '엄마는 어디 있지? 오빠들은 어디에 있지? 배에 있던 아버지와 큰오빠는 어떻게 되었지?'

　그녀는 병원에서 주는 음식을 먹고 다리를 치료받았다. 그녀의 이름이 생존자 명단에 올라갔다. 그녀를 모르는 사람들이 그녀가 살던 곳과 가족에 관해 묻기 위해 왔다. 그녀

가 모르는 많은 사람이 있었다. 몇몇은 높은 언덕 위에 있었던 관광객이었고 그 외 사람들은 다른 지역에서 왔거나 재난 복구를 위해 먼 곳에서 온 구조대원이었다. 다음 날 그녀는 집으로 갔다. 거기엔 아무것도 없었다.

모든 것이 쓸려 나갔다. 그녀는 모든 것이 뒤 바뀌어서 어디가 어디인지 알아볼 수 없었다. 그녀의 부모님과 오빠들은 해일 속에서 모두 목숨을 잃었다. 슈라리나만이 살아남았다.

🌀 활동

슈라리나가 고기 잡는 일을 돕는 것을 허락하지 않는 것이 공정하다고 생각하는가? 이는 성별 문제인가, 아니면 그녀가 집에서 엄마와 같이 일하는 것을 좋아하기 때문인가? 슈라리나와 그녀의 집, 가족의 그림을 상상해서 그리게 한다. 아동이 그녀를 가족, 형제자매라고 상상해 보도록 한다. 그와 같은 생활을 한다면 어떤 느낌일지 기록해 보도록 한다.

슈라리나는 그녀가 가지고 있는 것으로 인해 행복하다고 생각했다. 우리의 삶에서 꼭 필요한 것의 목록을 만든다. 목록에 기록한 것이 왜 중요하다고 생각하는가? 우리 교실의 모든 아동에게 그것이 중요한가?

슈라리나가 해일에 쓸려 나갔을 때 어떤 기분이었다고 생각하는가? 그녀가 구조되고 병원에 옮겨졌을 때 어떤 기분이었다고 생각하는가? 모든 가족이 죽었다는 것을 깨달았을 때 그녀의 기분은 어떠했을까? 그녀가 느꼈을 감정에 관해 아동이 생각하는 것을 목록으로 만든다.

슈라리나의 이후 이야기를 꾸며 보게 한다.

세계적 쟁점 ― 되돌아보기

　이제까지 아동이 했던 활동을 살펴보도록 한다. 활동자료가 별로 없는 아동은 자신의 목록에 없는 것을 다른 아동과 함께 작업하는 방법을 찾도록 도와준다. 이런 과정은 아동으로 하여금 활동 참여의 중요성에 대한 진정한 이해를 도울 것이다.

　포트폴리오 파일을 살펴보고 어떤 게시물은 복사하여 첨부하도록 한다. 아동이 현재 알고 있는 것과 각 주제에서 가장 기억에 남는 것에 관해 토론해 본다. 집이나 학교에서 평화의 작은 실천방법으로 다툼을 피하거나 해결하는 것이 전 세계의 불안을 피하는 중요한 첫걸음이라는 것을 인식하게 한다.

　아동에게 미래에 어른이 되어서 자신이 나라를 다스리고 전 세계의 평화와 전쟁 방지를 위한 역할을 해야 한다는 것을 설명한다. 전쟁은 그들의 생활뿐만 아니라 그들의 재산, 멋진 건물, 책, 전통, 생활방식 등을 파괴할 것이라는 사실을 상기시킨다. 수 세기에 걸친 박해를 피해 망명하는 많은 사람을 여러 나라에서 받아 주었고, 권리와 의무를 가진 시민으로 인정해 주었음을 상기시킨다.

　가난과 관련해 그들이 활동했던 작업을 상기시킨다. 가난한 나라의 많은 아동도 우리나라의 아동처럼 행복할 수 있다는 것을 설명한다. 어쩌면 그들은 자신의 생활에 만족하고 있고 다른 사람이 가지려고 하는 것에 대한 욕심이 없기 때문에 더 행복할 수 있다. 가난한 나라에 살고 있는 아동이라도 그들만의 유익한 생활은 우리에게 많은 것을 가르쳐 준다. 우리는 단지 그들이 가지고 있지 않거나 사는 방식이 다르다는 이유로 동정이나 선심을 쓰는 것에 주의를 기울여야 한다.

 참여하기

우리가 다른 나라보다 잘산다면 가난한 나라를 도와줄 책임이 있음을 상기시킨다. 이를 기억하고 그들을 돕거나 다른 사람으로 하여금 도와주도록 한다.

 세계시민의 과제

아동이 다른 나라의 아동을 도울 수 있는 일은 많지 않다. 그러나 우리 주변에 사는 여러 배경을 가진 사람은 도울 수 있다. 세계적 쟁점에 관한 주제가 우리에게 주는 도전은 모든 사람이 동등하다는 것을 인식하는 것이다. 우리나라에 사는 소수민족이나 다문화 가정은 배경이나 능력 여하를 떠나 세계시민의 일원이다.

세이브 더 칠드런 보고서

전 세계 전쟁 지역에서 자라는 4300만 아동은 학교에 다닐 수 없다. 그들은 너무 어린 나이에 군인이 되거나, 총탄에 부상당하거나, 지뢰 사고를 당하거나, 강간을 당하거나, 성적 착취를 당하거나, AIDS에 걸릴 위험에 놓여 있다. 그들이 이러한 환경에 놓인 채 성장해야 한다면 지금보다 더 가난하게 자랄 것이고 어린 시절에 사망할지 모른다.

수단, 우간다, 네팔과 같이 전쟁으로 파괴된 나라에서는 아동이 다녀야 할 학교가 거의 파괴되고 교사도 거의 죽음을 당했다. 펜, 종이, 분필 등이 전혀 없는 교실에서 200명의 아동이 전혀 훈련을 받지 못한 교사에게 교육을 받고 있다.

남수단에서는 아동의 20%만이 초등학교에 입학하고 오직 2%만이 졸업한다.

앙골라의 셀레스티나는 총명한 여자아이다. 하지만 그녀는 어린 시절에 자신을 강간, 유괴, 투옥하려는 군인을 피해 너무 많은 시간을 숨어서 지냈다. 그래서 그녀의 교육 수준은 아주 뒤처져 있다.

콩고의 시파는 "우리에게는 음식과 옷을 살 돈이 없습니다. 이것이 지금 즉시 학교에 가는 것이 불가능한 이유입니다."라고 말했다.

전쟁의 이름은 '파괴'이고, 교육의 이름은 무너진 것의 '재건설'이다.

전쟁의 폐해에 대해 더 많은 것을 알아보기 위해 관련 사이트(http://www.savethechildren.org.uk/rewritethefuture)를 찾아보도록 한다.

 감정의 언어

데이지 꽃 중앙에 감정을 나타내는 단어를 쓰고 꽃잎에 감정과 연관된 단어를 기록한 후 꽃을 오려 전시한다.

더 좋은 행동과 더 나쁜 행동

　다툼 또는 충돌이 있을 때 그 상황을 개선할 수 있는 행동과 상황을 더 악화시킬 수 있는 행동을 생각해 보고 다음 표에 단어를 짝지어 기록해 보자.

더 좋은 행동	더 나쁜 행동	더 좋은 행동	더 나쁜 행동
침묵을 지킨다	소리를 지른다		
참는다	화를 낸다		
듣는다	듣지 않는다		

아동과 단어를 활용하여 다음 게임에 사용할 카드 세트를 만들어 보자.

1 카드를 섞은 후 아동에게 카드를 나누어 준다. 아동이 돌아가면서 일어서서 자신의 카드를 말하면 반대말을 가진 사람이 일어서서 자신의 카드를 말한다. 카드의 짝이 서로 맞았을 때 카드의 짝을 찾아 같이 앉는다.

2 카드를 섞은 후 네 사람에게 카드를 나누어 준다. 각 아동에게 자기 카드의 반대말을 가졌는지 지목하여 물어보고 상대가 그것을 가졌다면 카드를 내주어야 한다. 가장 많은 카드를 모은 사람이 이긴다.

3 모든 카드를 뒤집어 놓고 네 아동이 카드를 차례로 집어 갖는다. 각자 자신 카드의 반대말 카드를 발견하면 그것을 모은다. 가장 많은 카드를 모은 사람이 이긴다.

새롭고 평화로운 세상

모두 함께 살고 싶은 새롭고 평화로운 세상을 상상하여 그려 본다.

세계지도나 지구본을 그려 본다.	
새로운 세상에서 다양한 피부색을 가진 사람이 어울려 살아가는 모습을 상상해서 그려 본다.	

Global Citizenship for
Young Children

우리가 살고 싶은 새로운 세상은 모든 사람에게 행복하고 안전한 곳이다.

행복한 세상에서 얻게 될 것을 상상해 보고 적어 본다.	
새로운 세계에는 없을 것 같은 감정과 행동을 상상해 보고 적어 본다.	

재난을 이기도록 돕는 사람

우리 주변이나 외국에서 비상 사태나 재난을 돕는 단체나 사람을 생각해 본다. 그들의 단체나 사람들의 이름(예를 들면, 119, 국제연합, 적십자 등)을 쓰고 그들이 무엇을 하는지 써 본다.

적십자	

Global Citizenship for
Young Children

 우리도 누군가를 도울 수 있는가?

어려운 이웃을 위해 무엇을 할 수 있는가? 다른 나라의 도움이 필요한 사람을 위해 무엇을 할 수 있는지 친구에게 편지를 써 보자.

이름: _____

날짜: _____

_____ 에게

부록

영국 Hampshire Milford on Sea 초등학교:
세계시민의식에 대한 연구 보고서

Frances Hillier(2006)
지역개발 관련 전 교육 고문, 현 LCD 말라위 Assistant Project Officer

저 멀리 세계의 어린이들이 노래를 부르네.
동방과 서방의 목소리가 감미롭게 조화를 이루며
우리의 반석, 우리의 안내자, 우리의 군주, 우리의 친구 되신
주님은 강하고 어디서든 항상 우리와 함께 하시는 그를 찬양하도다.

Basil Mathews(1879~1951)는 세계적인 복음 주제를 가지고 어린이를 위한 복음성가를 만들었다. 그는 젊은이와 청소년의 삶이 곧 다가올 수년 내에 어떻게 변화할지 감히 예상할 수 없었다. 하지만 아동이 먼 나라 이웃과 또래에 관해 더 많은 관심을 갖도록 돕기 위한 그의 열정과 관심은 그가 편집한 *Far Horizons and New from Afar*에 잘 나타나 있다.

정보통신 사회에 접어들면서 사람들은 전자사전이나 최신 컴퓨터, 인터넷을 통해

▶ 아이들이 그림을 가지고 만든 타일

적도 저편에 있는 아동이나 전 세계에서 일어나는 다양한 소식을 쉽게 접할 수 있다. 하지만 문명이 발달하지 않은 지역에 사는 사람들은 어떤가? 이에 대해 Martin Pitman은 "문화적으로는 다르지만 인간의 근본은 모두 같다."라고 말한다. 하지만 아동이 다른 문화권에 사는 사람들을 자주 접촉할 기회를 갖는 것은 쉽지 않다.

영국 Southampton에서 수 마일 떨어진 Hampshire Milford on Sea 초등학교에서는 이미 아동 자신의 독특성과 자존감에 대한 인식과 세계시민으로서의 책임감을 갖도록 돕기 위해 많은 노력을 경주해 왔다. 서로의 차이점에 대해 인정해 주고, 공통점이나 유사점을 수용하는 지식과 태도를 고양하기 위해 공식적인 학교 교육과정뿐 아니라 비공식적인 교육과정에 녹아들게 하려고 노력하였다. 다른 무엇보다 교사는 기독교 교육에 기초를 두고 있어 아동은 교회와 연결된 해외 연계 기관과 돈독한 관계를 맺었다.

Hampshire Milford on Sea 초등학교 관계자들은 Toox와 같이 해외교회에서 보낸 우간다 간호 선교사, Geoff Hill과 같이 인도를 방문한 이주노동자에게서 그 나라 문화에 대해 직접 배우고 그들과 연계된 교회 목사님을 학교로 초대하여 만남을 가졌다. Geoff는 자신이 하는 일에 대한 내용과 문화에 대한 긴박감을 전하기 위해 학교를 방문할 때 인도 아이들의 사진을 준비하여 보여 주기도 했다. 가장 최근에 다른 나라를 방문했던 사람 중 르완다에서 돌아온 목사님의 아들은 몇 교실에 들어가 그 나라 이야기를 들려주었다. 남아프리카에서 온 학교 이사장을 만나는 것은 전 세계 사람들이 외모는 다르지만 세계시민으로서 모두 가치 있다는 것을 알게 하였다. 이러한 노력은 영국 남부 지역에서 조용히 살고 있어 사실상 단일 문화만을 경험하는 많은 아동에게 그동안 몰랐던 폭넓은 문화 경험을 제공하는 것이다.

학교 내 도서관 도서와 비디오, DVD, CD-ROM은 학교와 가정에서 지구촌을 이해하는 데 모두 유용한 자료다. 이들 자료를 통해 서로의 상황을 이해하고 수용함으로써 감성을 자극하고 이문화의 태도를 받아들임으로써 세계시민교육에 시청각적 영향을 주는 매체로 충분히 활용할 수 있다.

학교 협의위원회에 11세로 구성된 집단구성원은 세계시민의식에 영향을 미친 활동에 대해 이야기하는 데 매우 열정을 가지고 있다.

사진에서 보듯이 '물 원조'를 위한 모금 활동은 살아 있는 활동의 실재를 보여 주는 것이다. 아동 중 몇몇은 물동이를 나르기 위해 운동장을 돌면서 걷는다. 힘든 것은 그들의 목보다 팔이지만 활동 후에 남겨진 긍정적인 영향은 몸과 마음에 강하게 남았다. 물 원조가 필요한 나라의 강물은 대체로 깨끗하지 않지만 그 물이라도 매일 길어 날아야만 한다. 그것 때문에 또래 아동은 수인성 질환으로 병에 걸려 죽기도 한다. 물 원조를 위해 아동이 모금한 돈은 우리와 다른 환경에서 생활하는 그와  같은 불평등한 상황을 개선하기 위한 수단으로 활용될 것이다.

또 다른 '감동'은 인도 무용수 Shushmita가 방문했을 때다. 위대한 연기자에게 교육을 받거나 그들의 공연을 감상하는 것은 또 다른 문화에 대해 대단한 식견을 제공한다. 특히 각 문화에 녹아 있는 종교적 상징과 믿음은 음악과 춤이 서로 어우러져 조화로운 아름다움을 만들어 낸다. 인도에 대한 학습은 5학년 지리 교과목에 포함되어 있고, 교과서와 아틀라스 평면지도는 실제 그곳에서 일하는 사람들과 그 이외에 새로운 생활을 하는 사람들에 대한 또 다른 차원을 배우게 한다.

음악은 감동을 주고 추억을 불러일으키는 강력한 매체다. 가멜란(타악기) 워크숍은 음에 대한 새롭고 난해한 문화를 제공한다. 자바와 발리와 같은 인도네시아 섬처럼 멀리서 온 신비한 소리들은 익숙하지 않은 악기에 대해 궁금증을 일으킨다. 음악은 소리에 그치는 것이 아니라 독특한 그 음악이 발생한 곳은 '세계 속에 어디지?'라는 궁금증을 유발하여 그로 인해 세계 지도를 들춰 보게 한다.

Barnaby Bear(지리학협회의 등록 상표)가 했던 것처럼 여행을 떠나거나 아동이 전 세계 여러 곳에 관심을 가지고 구석구석 찾아보게 한다.

세계시민의식과 이와 관련된 가치와 이해는 Hampshire Milford on Sea 초등학교 생활의 모든 영역을 전 세계와 연결하고 확장하는 목적을 가지고 있다. 이러한 목적은 크게는 사회 정의, 인권, 갈등 해결, 지속적인 발전, 다양성과 상호의존성의 개념과 연계되며 지구촌 모든 사람의 요구에 민감할 뿐만 아니라 우리 지역사회에 기여하도록 돕는 연동 가능한 개념이다.

영국 초등학교 Milford C에 있는 많은 아동은 가정 쓰레기를 최대한 재활용하는 것이 어떻게 유익한지에 대한 이유와 'recycle a goat'라는 크리스천 원조의 의미를 언급하며 그에 대한 세련된 논평을 할 수 있다(http://www.christianaid.org.uk). 암소를 아프리카에 보내는 것은 학교 운영위원회에 감동을 줄 것이고, 그 선물을 받고 감사편지를 쓰는 아동에게 피드백을 주어 긍정적인 사회적 상호작용을 강화함으로써 세계시민의식이 장려된다. 현재 비상사태를 위한 모금활동이나 장난감, 신발 등을 보내는 일이 이 학교의 매년 계속되는 크리스마스 전통이다. 이러한 세계시민으로서 분별 있고 수준 높은 행동을 하므로 '우리보다 어려운 상황에 처해 있는 사람'에 대한 관심을 길러 준다.

아동과 그들의 부모가 공정무역과 세계 온난화와 같은 문제를 제기한다. 관내에 있는 극장에서 아동들의 국내 에너지 절약에 관한 포스터 전시를 위해 초대하였고, 교직원과 다른 어른은 진부한 진흙 집이나 가난의 표현이 아닌 라고스와 같이 번성 중인 현대 도시에서 그들이 경험한 이야기를 자세히 알려 주는 사진자료를 보여 주었다. 아동은 놀이와 운동에 관해 열정을 갖고 있기 때문에 크리켓 공과 자동연습기를 만드는 데 아동의 노동력이 사용되어야 하는지에 대한 문제의 정당성에 대해 의문을 가지는 계기를 제공한다.

홀 입구에 아름답게 진열된 탁자 위에 놓인 축구 놀이를 하는 바나나 잎 콜라주는 학교에서 다른 나라 문화와의 접촉에 대한 가치를 말해 준다. 그들의 작품 속에 표현된 축구공은 무엇으로 만들어져 있는가?

후원 활동인 'growing seeds'는 아동이 평소 자신이 먹는 음식이 어떻게 키워지고 슈퍼마켓 선반 위의 상품이 어디에서 오는지에 대해 알아보도록 흥미를 불러일으킨다. 그들이 즐겨 먹는 농산물 중 많은 것이 먼 나라에서 온 식품이라는 사실을 알게 되고, 환경 친화적인 농산물 개발과 기아의 부당함, 그리고 자신의 용돈 사용과의 상호관계에 대한 이해를 더 깊이 발전시킬 것이다.

다른 사람의 입장이 되어 보는 것은 공감, 관용, 이해를 발전시키는 잘 알려진 방법이다. 신발을 신지 않고 걸어 본다는 것은 이와 같이 훌륭한 학교에 다니는 유아에게 얼마나 커다란 도약이 될 것인가.

세계시민으로서의 연대감을 갖게 하는 또 한 가지의 방법은 특정 학교와 자매결연을 하는 것이다.

LCD(Link Community Development)는 명확한 비전을 가지고 있는 국제 개발

기구다. 그들의 연구보고 내용은 다음과 같다.

> LCD의 비전은 미래를 짊어질 아동의 잠재력을 키우고 그것을 실현하도록 기회를 주는 데 있다. 우리의 비전은 교육과 훈련을 통해 적절한 기술을 공유하고 발전시킴으로써 의미 있는 일자리를 얻도록 아프리카의 혜택을 받지 못하는 사람들의 잠재력을 개발하는 것이다. 교육은 빈곤의 악순환을 깨기 위한 가장 강력한 인권이자 기본 원칙이다.

우리는 Link School 프로그램을 통해 UK 학교 아동이 가나와 남아프리카, 우간다와 말라위 학교와 연결될 수 있음을 보았다. LCD는 400개 학교 이상이 참여하며, 이들 나라에서 개발한 교육 프로젝트를 수행한다. Link는 결연을 시작하고 원조는 의사소통을 촉진하며, UK 학교에 아프리카 학교의 상세한 소개와 배경 정보, 발전 교육 활동을 위한 제안, 결연학교의 일부가 되는 연결 프로젝트의 연간 갱신을 돕는다.

아프리카 학교와의 결연으로 UK 유아에게 더 넓은 세계에 대해 가르칠 수 있고, 지역과 세계 수준으로 세계시민의식을 발전시키도록 도울 수 있다. 이는 실무진과 학생에게 있어 지속적으로 세계의 아동이 우정을 만들어 나가기 위한 기회일 뿐 아니라 더욱 재미있고 직접적인 교과과정을 편성할 수 있게 해 준다. 학과목과 연결된 세계시민교육 활동이 포함된 학교에 대한 인가는 International School Award Scheme에서 얻을 수 있다.

E 초등학교 Milford C는 확실히 한 걸음 앞선 세계시민교육을 실천함으로써 세계시민의식을 고취하고 있었다. 세계시민교육을 꿈꾼다면 지구 저편에 있는 학교들과 자매결연을 함으로써 세계가 하나가 되는 경험을 제공할 수 있을 것이다.

협조를 해 주신 E 초등학교 Milford의 교장, 교직원, 학생들에게 감사드린다.

 다른 사례 연구

Link 단체 내 학교

http://www.lcd.org.uk/uk/casestudies/preston-saboro.pdf

http://www.lcd.org.uk/uk/casestudies/southfields-nyogbare.pdf

자료 출처

❖ 동화책

Andersson, S. (1980). *No Two Zebras are the Same*, Lion Publishing, Tring, UK.

Arnott, K. (1989). *African Myths and Legends*, OUP.

Goble, P. (1998). *Legend of the White Buffalo Woman*, Geographic Soc.

McCaughrean, G. (2001). *100 World Myths & Legends*, Orion.

Naidoo, B. (1999). *Journey to Jo' burg*, Collins Modern Classics.

Jeffers S. (1993). *Brother Eagle, Sister Sky, A Message from Chief Seattle*, Puffin.

Smith, D. J. (2003). *If the world were a village*, Black, London

❖ 아동용 도서

Barker, A. (1994). *India*, Worldfocus books Heinemann, Oxford.

Bastyra, J. (1996). *Homeless*, Evans Bros, London (Life files series, other titles in series).

Brown, J. (1998). *Comic Relief*, Heinemann, Oxford.

Burke, P. (1997). *Eastern Europe* from World Fact Files, Macdonald Young Books (other books in this series).

Haughton, E. (2000). *Equality of the Sexes?* Franklin Watts, London.

Khan, E. and Unwin, R. (1997). *Pakistan,* Wayland Publisher, Hove.

Macdonald, F. and Weaver, C. (2003). *Human Rights*, Chrysalis Children's Books, London.

Matthews, J. (1993). *I come from Vietnam*, Aladdin Books Ltd, London.

Simonds, R. (1998). *Stand Up for your Rights,* Peace Child International, Two-can
Publishing Ltd., London.

Stearman, K. (1999). *Women's Rights,* Wayland Publishers, Salop.

Wignall, P. (2000). *Prejudice and Difference,* Heinemann, Oxford.

❖ 국제소송 관련 도서

Kozak, M. (1997). Greenpeace, Heinemann, Oxford.

Clayton, E. (1997). *Oxfam,* Heinemann, Oxford.

Spilsbury, L. (2000). *NSPCC,* Heinemann, Oxford.

Worldfocus books, published by Heinemann; a series of books about various developing
countries, including Bangladesh, Kenya and Brazil.

❖ 세계축제 관련 도서

Kadodwala, D. and Gateshill, P. (1995). *Celebrate Hindu Festivals,* Heinemann, Oxford.

Wood, A (1995). *Celebrate Jewish Festivals,* Heinemann, Oxford.

Knight, K. (1955). *Celebrate Islam Festivals,* Heinemann, Oxford.

Also in series - Christian, Sikh and Buddhist festivals.

❖ 참고자료

Collins, M. (2001). *Because We're Worth It,* London: Paul Chapman Publishing.

Collins, M. (2002). *Circling Round Citizenship,* London: Paul Chapman Publishing.

Collins, M. (2002). *Because I'm Special,* London: Paul Chapman Publishing.

Collins, M. (2004). *Circling Safely,* Paul Chapman Publishing, London.

Collins, M. (2004). *But is it Bullying?* Paul Chapman Publishing, London.

Collins, M. (2007). *Circling Time for the Very Young,* 2nd edition, Paul Chapman

Publishing, London.

DfEE (2000). *Developing a global dimension in the school curriculum,* ref. DfEE 0115/2000.

Fountain, S. (1994). *Learning Together-global education 4-7*, Cheltenham, Stanley Thornes.

Kerr, D. (1999). *Re-examining citizenship education, the case of England*, NFER, Slough.

Wetton, N. and Collins, M. (2002). *Citizenship-the challenge*, HIT Publications, Liverpool.

Wetton, N. and Collins, M. (2003). *Pictures of Health,* Belair Publications Ltd., Dunstable.

❖ 참조단체

association for Citizenship Teaching (ACT)

www.teachingcitizenship.org.uk

Citizenship Foundation

Ferroners House, Shaftesbury Place, Aldersgate St, London EC2Y 8AA,

Tel: 020-7367-0500

www.citfou.org.uk

Council for Education in World Citizenship

14 St Swithin's Lane, London EC4N 8AL

Tel: 020-7929-5090

DfES Citizenship

www.dfes.gov.uk/ciizenship/

Institute for Citizenship

62 Marylebone High Street, London W1M 5HZ

The: 020-7935-4777

www.citizen.org.uk

National Healthy Schools Standard

www.wiredforhealth.gov.uk

QCA

83 Piccadilly, London W1J 8QA

www.qca.org.uk/ca/subjects/citizenship

Schools Council UK

57 Etchingham Road, London N3 2EB

Tel: 020-8349-2459

www.schoolcouncils.org

❖ 교수학습 참고자료

http://www.globaldimension.org.uk to download ' Developing the global dimension in the
　　　school curriculum' from Global Dimension

Oxfam's Cool Planet (http://www.oxfam.org.uk/coolplanet/index.htm)

Global Education Derby (http://www.globaleducationderby.org.uk)

The QCA (http://www.qca.org.uk/7907.html)

DFES (http://www.dfes.gov.uk/citizenship/)

TeacherNet (http://www.teachernet.gov.uk/citizenship/section.cf?sectionId=5 &
　　　hierachy=1.5.)

http://www.globaleducationderby.org.uk/newssummer2005.pdf

Teaching resource for an in-depth critical debate about poverty.

❖ 웹사이트

http://www.makepovertyhistory.org/schools

학교 관련 자료가 탑재된 Make Poverty History(MPH)의 웹사이트

http://www.whiteband.org
빈곤퇴치를 위한 세계시민운동을 촉구하는 웹사이트

http://www.un.org/millenniumgoals
새로운 세기를 지향하는 발전 목표(Millennium Development Goals: MDGs)를 참조할 수 있
　　는 유엔 웹사이트

http://www.millenniumcampaign.org
MDGs에 관한 유엔 캠페인 웹사이트

http://www.millenniumcapmpaign.org/youth
MDGs에 관한 청소년 관련 웹사이트

http://www.youthoftheworld.net
MDGs에 관한 캠페인을 촉진 청소년 대상 웹사이트

http://www.sendmyfriend.org
유능한 교사가 갖추어야 하는 소양에 관한 보편적인 초등교육 MDG 2에 관한 캠페인 웹사이트

http://www.g8.gov.uk
영국 정부의 공식 G8 웹사이트

http://www.unicef.org.uk/c8
유니세프(UNICEF)가 운영하는 G8의 어린이용 웹사이트

http://www.raisedvoices.net
G8 정책이 개인 삶에 미친 영향에 관한 세계의 남부 지역 사람들의 증언이 수록된 웹사이트

http://www.oneworldweek.org
One World Week의 연례보고 웹사이트(올해의 주제는 G8과 MDGs와 관련된 약속이 다루
　　어짐)

http://www.globaldimension.org.uk
수업 시간에 교사가 세계적인 관점에 기초하여 수업을 준비하도록 참조할 수 있는 웹사이트

http://www.jubileedebtcampaign.org.uk
희년 캠페인 웹사이트

http://www.tjm.org.uk
공정무역 운동 웹사이트

http://www.wdm.org.uk
세계 개발 운동 웹사이트

http://www.liberaljudaism.org
무료로 다운받을 수 있는 배경 정보와 주제 활동이 포함된 이해하기 쉽고 탁월한 MPH 교수
　　　자료 모음 웹사이트

http://www.learningafrica.org.uk
교사가 아프리카 주제 활동 진행을 진행하고자 할 때 도움을 주는 웹사이트

http://www.focusweb.org
세계 남부 지역에 초점을 맞춘 웹사이트

http://www.dea.org.uk
영국을 중심으로 한 개발 교육과 관련된 자료를 제공하는 웹사이트

http://www.wiredforhealth.gov.uk
학교에서 보건 교육을 실시하기 위한 정보를 제공해 주는 웹사이트

http://www.dfes.gov.uk/a-z/CITIZENSHIP.html

http://www.rospa.com

❖ 그림책

아동의 연령집단별(영아, 5~7세 유아, 7~11세)로 도움이 되는 정보를 온라인으로 읽을 수
   있도록 필요한 경우 다음의 링크를 참조한다.

http://www.dfes.gov.uk/citizenship/section.cfm?sectionId=21&hierachy=16.21

저자 소개

Margaret Collins

현재 영국 University of Southampton 교육학부의 명예교수로, 유아학교의 수석교사를 지냈다. 그녀는 그동안 아동보건과 교육을 주제로 아동의 인식에 관한 연구활동을 해 왔으며, 현재는 아동교육과 세계시민교육에 관한 책과 논문을 저술하고 있다.

역자 소개

박명순

이화여자대학교 약학대학 졸업
연세대학교 대학원 교육학과 졸업(교육학 석사)
독일 튀빙겐 대학교 교육심리학 전공(사회과학 박사)
현) 경인여자대학교 유아교육과 교수
      경기도가족여성연구원 원장

김현경

단국대학교 문리과대학 졸업
총신대학교 교육대학원 유아교육과 졸업(교육학 석사)
덕성여자대학교 대학원 유아교육과 졸업(교육학 박사)
현) 두원공과대학교 유아교육과 교수
      지구촌 다문화마을 협동원장

아동을 위한 세계시민교육

지구촌 세계시민으로 함께 커가요

2012년 10월 5일 1판 1쇄 인쇄
2012년 10월 10일 1판 1쇄 발행

지은이 • Margaret Collins
옮긴이 • 박명순 · 김현경
펴낸이 • 김진환
펴낸곳 • (주)학지사
　　　　　121-837 서울특별시 마포구 서교동 352-29 마인드월드빌딩 5층
대표전화 • 02)330-5114　　팩스 • 02)324-2345
등록번호 • 제313-2006-000265호

홈페이지 • http://www.hakjisa.co.kr
커뮤니티 • http://cafe.naver.com/hakjisa

ISBN 978-89-6330-774-9 93370

정가 15,000원